COOKIE, PROFILAZIONE ON-LINE E WEB MARKETING

Privacy e Digital Marketing: binomio possibile!

Come applicare sapientemente la normativa privacy in un contesto dinamico come il digital marketing mantenendo alte le performance.

Autore: Francesco Traficante

ISBN: 1515186938

ISBN-13: 978-1515186939

Edizione: Settembre 2015

Il miglior guerriero è colui che vince un combattimento senza estrarre la spada dal fodero.

(Antico detto Samurai)

RINGRAZIAMENTI

Ringrazio Jelena, la mia compagna, per avermi sempre sostenuto nei momenti di difficoltà e spronato alla conclusione del progetto.

Ringrazio Francesca Scandroglio, mia assistente, per aver contribuito con impegno e dedizione alla stesura di questo libro.

Ringrazio Emma Pregnolato, mia assistente, per la disponibilità e rapidità con la quale ha gestito l'impaginazione e la pubblicazione del libro.

Ringrazio l'intero gruppo di lavoro per avermi sempre sostenuto nella realizzazione di questo sogno nel cassetto.

MOTIVAZIONI E INTERAZIONE

Da sempre affascinato dal desiderio di coniugare due passioni, la prima per la Privacy e la seconda per il Marketing, ho deciso di condividere con **TE** queste mie passioni scrivendo questo libro proprio per dimostrare come sia possibile conciliare la complessa normativa in materia di protezione dei dati personali al mondo del web, nelle sue più svariate sfaccettature.

Internet mai come ora sempre più dinamico e in continua evoluzione, e il *Marketing* sempre più innovativo che si avvale delle nuove tecnologie per raggiungere sempre di più la sua massima espressione in termini di efficacia della comunicazione e di raggiungimento degli obbiettivi: il *Digital Marketing*!

Applicando la norma intelligentemente, adottando sapientemente utili accorgimenti, con un approccio *smart,* è possibile rendere conformi processi di *Digital Marketing* mantenendo alte le conversioni o addirittura incrementandole.

Privacy e *Digital Marketing* binomio possibile? La risposta è sì. Mantenere alte le *performance* applicando la *compliance.*

Ho scritto questo libro e ho condiviso le mie passioni con **TE**.

Condividi con me le **TUE** esperienze e le **TUE** incertezze come utente del web.

Condividi con me le **TUE** difficoltà nel comprendere e/o applicare le norme.

Condividi con me i **TUOI** dubbi, i **TUOI** casi particolari e quanto altro ritieni utile.

Che **TU** sia un semplice utente della rete, il gestore di un sito web, un addetto del settore del Digital Marketing o un collega/consulente privacy non importa.

Non è importante chi tu sia, l'importante è che **TU** condivida. Perché?

Perchè il prossimo libro

sarà scritto da

Francesco Traficante

e

In questo libro si approfondiscono le norme privacy da applicare al web 3.0 e al digital marketing che si avvale di nuove metodologie di approccio al cliente o potenziale cliente che sia.

I nuovi modelli di business e di comunicazione digitale si fondano anche e soprattutto sull'interazione con il cliente.

Perché quindi non rendere interattivo anche questo libro?

Perché non scrivere insieme il prossimo libro?

Il principio ispiratore è esattamente lo stesso!

Prima di iniziare la lettura prendi una matita, una gomma e un temperino.

Al termine di ognuna delle diverse sezioni del libro troverai una pagina intera a **TE** dedicata, nella quale scrivere tutto quanto ritieni utile e da chiarire.

Durante la lettura o al termine del libro condivi con me i tuoi pensieri e le tue esperienze, insomma tutto quanto per **TE** importante e rilevante.

Puoi farlo per email, sulle mie pagine Facebook e LinkedIn; ricordati sempre di scrivere anche il tuo nome e cognome, così da poterti ringraziare nel nostro prossimo libro che scriveremo insieme.

@ francesco.traficante@microell.it

⌂ www.microell.it

in it.linkedin.com/in/francescotraficante

f www.facebook.com/microellsrl

PREFAZIONE

L'applicazione di norme vecchie (anche se recenti) a strumenti di marketing nuovi: questa è la questione che si pone quando la realtà e la tecnologia, che continuano a cambiare con una velocità impressionante e che è propria degli strumenti utilizzati per il digital marketing, si evolve molto più in fretta del diritto europeo ed italiano.

Una questione questa sempre di attualità in virtù dello sviluppo di tecniche e tecnologie applicate al web, che creano problemi nuovi a cui il diritto esistente non riesce a dare risposte e soluzioni adeguate nonostante gli sforzi immani dei Garanti Europei.

Il testo di Francesco Traficante cerca di fare il punto della situazione sul recente tema dei cookies utilizzati per i siti web e degli strumenti che permettono di effettuare la profilazione on line degli utenti registrati e non, con un particolare focus alla normativa italiana.

Il punto è che questi sono temi globali che vedono da un lato gli interessi dei molteplici operatori, soprattutto Big Data, che investono milioni di euro, e ne ricavano utili miliardari, nello sviluppo di nuovi tecniche di profilazione on line per cercare di orientare sempre più le scelte di consumatori, che il più delle volte sono inconsapevoli delle tecniche utilizzate e, dall'altro, l'Unione Europea e i Garanti Privacy nazionali che cercano di difendere il consumatore obbligando fra l'altro i Data Controller – Titolari del Trattamento (i gestori dei siti web) - ad informare in modo chiaro ed esaustivo e a richiedere consensi liberi e specifici.

Attraverso il Web infatti, è possibile raccogliere moltissime informazioni sul comportamento degli utenti, le loro preferenze, abitudini, scelte ed altro ancora, dati preziosi per le aziende, ma la cui raccolta indiscriminata viola i diritti dei consumatori non che soggetti interessati (coloro che hanno diritto alla privacy).

Le principali garanzie che le aziende devono fornire sono innanzitutto quelle di chiarezza, con informative semplici e complete, ben visibili; la richiesta del consenso obbligatorio per la profilazione, per esempio attraverso i "cookie", file che vengono salvati sul computer dell'utente dal sito web che si sta visitando, e raccolgono informazioni utilizzabili per la fruizione del sito o altro.

Il libro esamina quindi le principali norme italiane anche con riferimenti a quelle europee e vengono approfondite dunque le prescrizioni richieste dal Garante Italiano, analizzando i principi ai quali i Data Controller – Titolari del Trattamento (i gestori dei siti web) - devono attenersi tutte le volte in cui pongono in essere un'attività di web marketing e di profilazione on line.

Matteo Colombo
Presidente di ASSO DPO

INDICE

CAPITOLO II

4 PROFILAZIONE ON-LINE 47

CAPITOLO III

5 WEB MARKETING 61

6 CONCLUSIONI 77

7 BIBLIOGRAFIA 85

8 L'AUTORE 89

1 PREMESSA

Questo libro ha lo scopo di dimostrare come è possibile mantenere alte le performance, di una qualsiasi organizzazione che si avvale dei nuovi strumenti di comunicazione e nello specifico di processi di *digital marketing*, applicando la *compliance* in materia privacy (D.lgs. n. 196/2003) in modo sapiente ed efficace.

Tale argomentazione, grazie alla sua facile comprensione, volutamente ricercata, è in grado di rivolgersi ad una vastissima gamma di individui, e, dunque non solo agli addetti del settore del *digital marketing*[1], ma anche alle aziende quali gestori dei propri siti web, ai colleghi consulenti privacy e persino a tutti gli utenti del web.

Il web è di fatto uno strumento consolidato di comunicazione dalle indiscusse potenzialità ed è ad oggi uno dei principali canali di promozione di prodotti e servizi, di ricerca di nuovi e potenziali clienti.[2]

E' necessario comprendere, infatti, che l'applicazione intelligente del Codice in materia di protezione dei dati personali non deve essere vista, per le organizzazioni, come un impedimento e/o un obbligo burocratico che richiede un costo eccessivo per il suo

---

[1] www.digitalvizir.it, *Digital or Death: le ragioni del digitale*, 16 novembre 2013.

[2] www.microell.it, F. Traficante, *La privacy per il web marketing & cookies: consigli pratici- Parte II*, 7 maggio 2014.

recepimento, ma deve portare valore per l'organizzazione, al fine di garantire alla suddetta il mantenimento o addirittura un'opportunità di miglioramento delle prestazioni in termini economico-patrimoniali.

Il libro, a seguito di una breve premessa relativa alla "storia" del marketing e del web, si suddivide, dunque, in tre capitoli che hanno l'obiettivo di fornire una panoramica approfondita del vasto campo di applicazione dell'*innovative marketing*, soprattutto nell'era digitale, ma con l'intento anche di fornire adeguati spunti di riflessione sulle questioni in *incipit* citate.

Il primo capitolo affronta la tematica forse più attuale del mondo web, i cookie; il secondo affronta in maniera puntuale quelli che sono i principali obblighi e le fondamentali novità in tema di profilazione *on-line*, mentre l'ultimo capitolo cerca di approfondire le maggiori problematiche connesse all'attività di *Web Marketing* che si avvale di tali nuovi strumenti e tecnologie, nelle sue più diverse sfaccettature.

Tutti questi temi, ben si prestano ad essere incentrati in un unico *focus* di riflessione: la comunicazione.

Mediante la suddetta, infatti, è possibile garantire ad una organizzazione di migliorare la qualità del servizio, ma al tempo stesso di migliorare le performance in termini di obbiettivi prefissati da raggiungere.

SCRIVI LE TUE CONSIDERAZIONI

_____

_____

_____

_____

_____

_____

_____

_____

_____

_____

_____

_____

_____

_____

@ francesco.traficante@microell.it

🏠 www.microell.it

in it.linkedin.com/in/francescotraficante

f www.facebook.com/microellsrl

2 INTRODUZIONE GENERALE

E' ormai un dato di fatto che internet abbia modificato alcuni degli aspetti più importanti della comunicazione, tra imprese e consumatori, facendosi promotore di un inarrestabile processo.

Seguendo il libro di Collesei[3], si vuole ripercorrere come la disciplina del marketing, e più in generale l'atteggiamento delle imprese nel mercato si siano dovuti evolvere per potersi rapportare con i nuovi consumatori nell'era digitale.

Il marketing nasce e si sviluppa negli Stati Uniti agli inizi del '900, a fronte del rapido sviluppo economico di quegli anni, per regolare i rapporti tra imprese e mercato di sbocco.

Inizialmente l'impresa aveva solo il compito di trovare uno sbocco ai prodotti progettati sulla base di generiche esigenze di consumo, ma con l'avvento dell'industrializzazione i bisogni sono cambiati e si sono evoluti, la domanda di beni e servizi si è moltiplicata in varietà e intensità.

A tal proposito, Philip Kotler[4] distingue quattro fasi a cui fa corrispondere quattro diversi tipi di orientamento:

1. Orientamento alla produzione (1920-1930)

---

[3] Collesei Umberto, *Marketing*, Cedam, Padova, 2006.

[4] P. Kotler è lo studioso che ha maggiormente contribuito allo sviluppo e alla diffusione della disciplina del marketing.

2. Orientamento alla vendita (1930- 1950)
3. Orientamento al mercato (1950- 1980)
4. Orientamento al marketing (1980- fino ad oggi).

Proprio in quest'ultimo orientamento il marketing diventa una funzione di primaria importanza, si sviluppano azioni volte a studiare, controllare e influenzare il mercato per poter rendere più diretto e stabile il legame con il cliente e consentire un collocamento della produzione più sicuro.

Le esigenze differenziate dei consumatori rendono necessaria l'attenzione dell'azienda nella formulazione di promozioni e azioni di comunicazione mirate e personalizzate.

I nuovi mezzi di comunicazione consentono un'interazione diretta azienda-consumatore, che permette di mantenere un contatto continuo con il cliente, dalla fase progettuale a quella di assistenza, creando forti basi per conquistarsi la fiducia prima, e la fedeltà poi.

2.1 DA INTERNET AL WEB 3.0

Il primo web, definito successivamente come "web 1.0", si presentava semplicemente come uno spazio elettronico e digitale, destinato esclusivamente alla pubblicazione di contenuti multimediali, come testi, immagini, audio, video, etc.

La principale caratteristica di tale web è rappresentata dalla staticità; l'utente, infatti, una volta che tutte le informazioni erano state pubblicate, poteva semplicemente entrare nella pagina e leggerle, senza la possibilità di interagirvi.

Il "web 2.0" rappresenta la seconda versione del web, e quindi l'evoluzione del web 1.0.

Il termine "internet 2.0" o "web 2.0" rappresenta l'espressione del dibattito che si è recentemente concluso in merito alle nuove possibilità di fruizione del sapere e delle informazioni offerte dalla rete.

Non è quindi un'evoluzione della tecnologia alla base della rete; il web 2.0 non è una tecnologia, ma un approccio interattivo complesso e continuativo basato su alcuni strumenti. Il web 2.0 non è una tecnologia, ma un'attitudine.

Parliamo quindi di un nuovo modo di intendere la rete, che pone al centro i contenuti, le informazioni e soprattutto l'interazione.

Si tende a indicare come web 2.0 l'insieme di tutte quelle applicazioni on-line che permettono uno spiccato livello di interazione tra il sito e l'utente e l'utente e l'utente.

Si fa riferimento, quindi, a *blog, forum, chat, social network* e siti come Wikipedia, YouTube, etc. Con questa evoluzione si passa, quindi, dal "*read only web*" al "*read write web*", cioè da un web statico ad uno dinamico.

In questa fase, quindi, la tecnologia viene utilizzata anche per fornire servizi ai clienti/utenti della rete, in modalità più interattiva.

La diffusione di massa del *World Wide Web* ha accelerato il passaggio alla società dell'informazione. Internet ha amplificato enormemente le caratteristiche tipiche della società post-moderna, rendendo necessaria la revisione delle ormai superate teorie di marketing in parte ormai obsolete e inefficienti, se non inutilizzabili.

Col passare degli anni, la mole dei dati nel web è aumentata a dismisura, rendendo perfino una semplice ricerca, un lavoro molto lungo e complicato.

Proprio in questa realtà si pone il "web 3.0", l'evoluzione del web attualmente in essere, che ha l'obbiettivo di riorganizzare tutti questi dati e che mira a cambiare tutta la struttura del web. Il nuovo web, infatti, dovrà essere organizzato per essere comprensibile non più agli utenti ma ai software.

L'innovazione principale di questo web è, senza dubbio, la semantica[5]; per questo motivo, infatti, viene definito anche *semantic web*; ma alla base di questo fenomeno ci saranno anche l'ontologia[6], il concetto di *data web* (i cosiddetti *Big Data*)[7], cioè di un web strutturato come un database, ed il continuo diffondersi dell'intelligenza artificiale[8], che insieme all'evoluzione della tecnologia 3D e della realtà aumentata, ne faciliteranno l'utilizzo.[9]

Attualmente, dunque, l'utente interagisce in maniera proattiva con l'organizzazione e vengono tenute in considerazione le indicazioni che lo stesso fornisce, al fine di migliorare la qualità del servizio proposto, o addirittura per la realizzazione di nuovi prodotti e servizi.

Le indicazioni fornite dall'utente sono, dunque, fonte rilevante di spunto per l'organizzazione.

---

[5] www.wikipedia.it, *"La semantica è quella parte della linguistica che studia il significato delle parole (semantica lessicale), degli insiemi delle singole lettere (negli e degli alfabeti antichi) e delle frasi (semantica frasale) e dei testi"*.

[6] www.wikipedia.it, *"L'ontologia, una delle branche fondamentali della filosofia, è lo studio dell'essere in quanto tale, nonché delle sue categorie fondamentali"*.

[7] www.datamanager.it, A. Caffo, *Social Analytics Conference, così cambiano i Big Data*, 27 marzo 2013.

[8] www.federprivacy.it, A. Acquisti, *La privacy nell'era della realtà aumentata*, Pisa, 19 giugno 2014.

[9] Tim O'Really, *What is Web 2.0.*, 2005.

2.2 MARKETING TRADIZIONALE E "NUOVO MARKETING"

"Il marketing è morto in quanto sono esaurite le due condizioni che lo nutrivano: primo, che le persone non potessero parlare facilmente e direttamente tra loro, secondo, che il canale di trasmissione fosse concentrato, semplice e direttamente controllabile".[10]

Questa citazione fa davvero riflettere e capire in modo semplice uno dei motivi base della perdita di efficacia del marketing tradizionale.

Nel momento in cui il cliente non è più preda ma cacciatore, per riuscire a "prenderlo" non sono più fruttuosi i continui "bombardamenti a tappeto" e gli attacchi frontali tanto usati in passato. In sintesi, le aziende hanno dovuto stravolgere le loro strategie, passando dall'arte della guerra, all'arte dei valori e dalla seduzione alla soddisfazione del proprio cliente.

Per un intero secolo le organizzazioni di successo si sono basate su tecniche di determinate strategie di marketing. Si trattava di un investimento costoso, ma dava i suoi frutti.

Bastava scegliere un prodotto medio per gente media, investire denaro a sufficienza per promuoverlo (soprattutto attraverso l'uso dei media tradizionali: radio, televisioni e giornali) e si era certi

---

[10] G. Diegoli, *Mini marketing, 91 discutibili tesi per un marketing diverso, Simplicissimus Book Farm*, 2008.

di conseguire facilmente profitti considerevoli[11].

Il "nuovo marketing" ha stravolto questo scenario, in primo luogo l'affollamento eccessivo e le decine di nuovi media alternativi hanno annientato l'efficacia del mezzo televisivo.

Di pari passo al cambiamento delle vecchie regole si sono affacciate sulla scena nuove tecniche, dai siti web agli annunci su Google, al passaparola digitale.

"*Marketing is not the art of finding clever ways to dispose of what you make. It is the art of creating genuine custode value*"[12].

Il marketing non è più l'arte di trovare modi intelligenti per sbarazzarsi di quello che si produce, ma rappresenta l'arte di creare un autentico valore per il cliente.

Il web marketing - così viene definita la fusione di internet con il marketing – non è altro che quel marketing a supporto di quello tradizionale che utilizza le strategie, le attività e le tecniche messe a disposizione del web per generare rapporti commerciali con clienti esistenti e/o nuovi, per aumentare la visibilità dell'organizzazione e migliorarne la sua competitività, per ridurre i costi compresi quelli di pubblicità, per raggiungere mercati difficili, per migliorare il posizionamento del *brand* aziendale e soprattutto per essere sempre più presenti nel nuovo scenario

---

[11] S. Godin, *Tribù. Il mondo ha bisogno di un leader come te*, 2009.

[12] P. Kotler, *Il marketing dalla A alla Z*, De Vecchi, 2003.

economico.[13]

Il web marketing permette di effettuare, dunque, campagne molto efficaci e rivolte a target ben specifici e mirati.

A tal proposito, però, è bene far presente che esiste una vasta normativa, soprattutto in tema di protezione dei dati personali, a regolamentazione di tali nuove tipologie di marketing.

---

[13] Fonte www.giorgiotave.it.

2.3 EVOLUZIONE NORMATIVA

Il tema privacy ha subito negli anni una grande evoluzione sia in termini semantici e di significato e quindi in contenuti, oggetti e soggetti di legge.

Il termine privacy nasce, infatti, come diritto ad essere lasciati soli ("*The right to be alone*"), ma nel corso del ventunesimo secolo si trasforma e si evolve enormemente, in particolare sotto la spinta dell'evoluzione tecnologica che ha reso possibili intrusioni, anche molto forti, nella sfera privata di ciascun individuo.

Una di queste è data certamente dalle sostanziose attività di marketing generate dalle aziende, ed è proprio per questo motivo che l'Autorità Garante nazionale ha emanato una serie, abbastanza esaustiva, di provvedimenti, linee guida e vademecum a definizione di tali attività.

Naturalmente a questi si accompagnano una serie di riferimenti normativi comunitari, nonché *Opinion* ex art. 29 WP[14]; tuttavia, in questo libro ci limitiamo ad approfondire la tematica nazionale.

E' forse scontato citare il codice in materia di protezione dei dati

---

[14] www.garanteprivacy.it, Gruppo di Lavoro ex Articolo 29, "*Il Gruppo è stato istituito dall'art. 29 della Direttiva UE Privacy 95/46, ed è un organismo consultivo e indipendente, composto da un rappresentante delle autorità di protezione dei dati personali designate da ciascuno Stato membro, dal GEPD (Garante europeo della protezione dei dati), nonché da un rappresentante della Commissione. Il presidente è eletto dal Gruppo al suo interno ed ha un mandato di due anni, rinnovabile una volta*".

personali D.lgs. 30 giugno 2003, n.196, che all'art. 140 definisce il cosiddetto marketing diretto, così recitando:

"Il Garante promuove, ai sensi dell'articolo 12, la sottoscrizione di un Codice di deontologia e di buona condotta per il trattamento dei dati personali effettuato a fini di invio di materiale pubblicitario o di vendita diretta, ovvero per il compimento di ricerche di mercato o di comunicazione commerciale, prevedendo anche, per i casi in cui il trattamento non presuppone il consenso dell'interessato[15], forme semplificate per manifestare e rendere meglio conoscibile l'eventuale dichiarazione di non voler ricevere determinate comunicazioni".

E' evidente che già nelle intenzioni dell'Autorità Garante, all'epoca dell'emanazione del codice, tale disciplina si presentava come volutamente estensiva, nonché volta a comprendere i trattamenti di dati effettuati per fini diversi, quali la vendita a distanza, la comunicazione interattiva, le ricerche di mercato e così via, accomunati dallo scopo di marketing e dal carattere diretto del trattamento o della comunicazione.

A ciò è seguito il provvedimento generale del 29 maggio 2003 *"Spamming, Regole per un corretto uso dei sistemi automatizzati e l'invio di comunicazioni elettroniche"* che definisce misure e accorgimenti utili sia alle imprese che vogliono avviare campagne

---

[15] www.garanteprivacy.it, Codice in materia di protezione dei dati personali, art.4, n. 196, 30 giugno 2003, definizione "interessato": la persona fisica cui si riferiscono i dati personali.

per pubblicizzare prodotti e servizi, sia a quanti desiderano difendersi dall'invadenza di chi utilizza senza il loro consenso recapiti e informazioni personali per tempestarli di pubblicità.

Una particolare attenzione è stata posta, infatti, sulle nuove frontiere dello spamming che possono comportare modalità sempre più insidiose ed invasive della sfera personale degli interessati.

Importante cambiamento, poi, è stato raggiunto con il D.lgs. n. 69 del 28 maggio 2012.

Tale decreto legislativo, allorquando si presentava ancora come testo non pubblicato, presentava modifiche al Codice Privacy in attuazione della Direttiva 2009/136/CE in materia di trattamento dei dati personali e tutela della vita privata nel settore delle comunicazioni elettroniche.

Nello specifico, il suddetto comprendeva una innovazione sia in materia di cookies (per la prima volta venivano definite le tre diverse categorie: Cookie Tecnici, Cookie di Monitoraggio e Cookie di Profilazione), che in tema di soggetto qualificato come Abbonato[16].

---

[16] www.wikipedia.it, definizione "Abbonato": chi ha sottoscritto un abbonamento, nella fattispecie a servizi di comunicazione elettronica accessibili al pubblico su reti pubbliche di comunicazione. Il temine Abbonato inizialmente era riconducibile al Soggetto Interessato e quindi a persone fisiche, giuridiche, enti e associazioni. A metà 2012, al fine di allineare le nostre norme privacy a quelle degli altri paesi UE, dalla definizione di Soggetto Interessato sono state escluse le persone giuridiche, gli enti e le associazioni, rendendo di fatto possibile l'invio di comunicazioni indesiderate a quest'ultime.

A seguito di ciò, però, si sono susseguite svariate proteste da parte degli addetti del settore in tema di cookies, tanto che l'Autorità Garante ha aperto una consultazione pubblica per un tempo stimato in sei mesi, al fine di comprendere le lamentele generali presentate su tale tematica.

Con la conversione in legge di tale decreto, dunque, si è proceduto unicamente con la sostituzione del termine "Abbonato" con quello di "Contraente o Utente" rendendo applicabile senza dubbi interpretativi il Titolo X *"Comunicazioni elettroniche"* del Codice Privacy (ed in particolare l'art. 130 del suddetto dal titolo *"Comunicazioni indesiderate"*, cd. *Spam*) di fatto anche alle persone giuridiche, enti e associazioni, armonizzando la normativa nazionale a quella comunitaria secondo la quale, Direttiva 2002/58/CE, *"gli abbonati ad un servizio di comunicazione elettronica accessibile al pubblico possono essere persone fisiche o persone giuridiche"*, non inserendo, invece, tutta la sezione destinata ai cookie.

Da tal momento è decorso circa un anno e mezzo in cui l'Autorità Garante nazionale ha deciso di temporeggiare nell'adozione di tale nuova tematica a livello nazionale, forse volendo attendere pubblicazioni di altre Autorità UE.

E', infatti, solo dell'8 maggio 2014 il provvedimento generale in materia di cookie, (pubblicato in Gazzetta ufficiale in data 3 giugno 2014).

Con il provvedimento generale del 15 maggio 2013 *"Consenso al trattamento dei dati personali per finalità di marketing diretto attraverso strumenti tradizionali e automatizzati di contatto"* (pubblicato in Gazzetta ufficiale in data 26 luglio 2013) si intende evidenziare, invece, la linea interpretativa delineata dall'Autorità con riguardo all'art. 130, commi 1 e 2, del Codice, (consenso preventivo necessario per la ricezione delle comunicazioni promozionali automatizzate, es. chiamate automatizzate anche senza operatore, e-mail, fax, SMS, MMS, etc.) anche in relazione alla norma di cui all'art. 23 dal titolo *"Consenso"*, rispetto ai trattamenti dei dati personali svolti per finalità di cosiddetto marketing diretto, come anche con le successive *"Linee guida in materia di attività promozionale e contrasto allo spam"* del 4 luglio dello stesso anno (pubblicato in Gazzetta Ufficiale in data 26 luglio 2013).

Mediante il provvedimento generale, dell'8 maggio 2014, in tema di *"Individuazione delle modalità semplificate per l'informativa e l'acquisizione del consenso per l'uso dei cookie"* (pubblicato in Gazzetta Ufficiale in data 3 giugno 2014) l'Autorità Garante esprime, poi, una vera e propria negazione all'utilizzo dei cookie per finalità di profilazione e marketing da parte dei gestori dei siti senza aver prima informato gli utenti e aver ottenuto il loro preventivo consenso.

Sono di recente emanazione (19 marzo 2015), infine, le *"Linee guida in materia di trattamento di dati personali per profilazione on-line",* (pubblicato in gazzetta Ufficiale in data 6 maggio 2015) che forniscono maggiori tutele per gli utenti, ma anche regole più chiare per chi fa profilazione on-line, a partire dai principali siti web.

A tal proposito, mediante comunicato stampa, l'Autorità Garante così recita: *"Chi opera su internet dovrà fornire agli utenti informazioni chiare e complete, richiedere ed ottenere il consenso degli interessati, revocabile in ogni momento, e offrire concrete tutele anche a chi non dispone di uno specifico account per accedere ai servizi offerti."*[17]

Interessante spunto per le aziende può risultare anche il vademecum *"Marketing e Privacy: imprese avvertite, consumatori tutelati". Le regole del Garante per offerte commerciali a prova di Privacy"* datato 20 aprile 2015; tale si presenta come un testo suddiviso in otto capitoli strutturati in forma di domanda/risposta, così da rendere più agevole l'approfondimento dei quesiti che vengono posti all'Autorità Garante con maggiore frequenza.

E' del 5 giugno 2015 la pubblicazione, da parte dell'Autorità Garante, di chiarimenti in materia di cookie, e di un'infografica (11 giugno 2015) a regolamentazione della medesima tematica.

E', infine, del 3 luglio 2015 un ultimo intervento chiarificatore dell'Autorità Garante Privacy tramite un Seminario formativo in materia di *"Cookie e Protezione dei Dati Personali"* tenutosi a Roma presso il CEFODIFE (Centro Formazione della Difesa).

---

[17] www.garanteprivacy.it, *Profilazione on line: regole chiare e più tutele per la privacy degli utenti*, Comunicato stampa del 06 maggio 2015.

SCRIVI LE TUE CONSIDERAZIONI

_____

_____

_____

_____

_____

_____

_____

_____

_____

_____

_____

_____

@ francesco.traficante@microell.it

⌂ www.microell.it

in it.linkedin.com/in/francescotraficante

f www.facebook.com/microellsrl

🐦 twitter.com/F_Traficante

g+ plus.google.com/+FrancescoTraficante

CAPITOLO I

3 COOKIE

A decorrere dal 2 giugno del 2015 è divenuto operativo il provvedimento del Garante Privacy in materia di cookie ed è ormai obbligatorio adattarsi alla normativa nata per disciplinare l'uso dei cookie, soprattutto in tema di profilazione, al fine di proteggere la privacy di qualunque utente che naviga in rete.

Questa normativa colpisce tutti i paesi europei e non solo l'Italia, dunque è bene approfondire tale tematica e far chiarezza su alcuni aspetti.

3.1 DEFINIZIONE

I cookie, così come definiti dall'Autorità Garante, sono stringhe di testo di piccole dimensioni che i siti visitati dall'utente inviano al suo terminale (solitamente al browser), dove vengono memorizzati per essere poi ritrasmessi agli stessi siti alla successiva visita del medesimo utente. [18]

Nel corso della navigazione su un sito, l'utente può ricevere sul suo terminale anche cookie che vengono inviati da siti o da web server diversi (c.d. "terze parti"), sui quali possono risiedere alcuni elementi (es. immagini, mappe, link, pulsanti per azioni

---

[18] www.microell.it, F. Traficante, *La nuova privacy su internet tra cookies e social plug-in*, 6 maggio 2013.

social, etc.) presenti sul sito che lo stesso sta visitando.

I cookie, solitamente presenti nei browser degli utenti in numero molto elevato e a volte anche con caratteristiche di ampia persistenza temporale, sono usati per accedere più rapidamente ai servizi on-line e per migliorare l'esperienza di navigazione dell'utente.

Differenti sono le finalità, tra cui solo a titolo di esempio l'esecuzione di autenticazioni informatiche, monitoraggio di sessioni, memorizzazione di informazioni su specifiche configurazioni riguardanti gli utenti che accedono al server, caricamento più rapido dei contenuti, e così via.

3.2 TIPOLOGIE

L'autorità Garante nazionale distingue i cookie in tre sole tipologie:

1. *I cookie tecnici:* utilizzati al solo fine di *"effettuare la trasmissione di una comunicazione su una rete di comunicazione elettronica, o nella misura strettamente necessaria al fornitore di un servizio della società dell'informazione esplicitamente richiesto dall'abbonato o all'utente a erogare tale servizio"* (cfr. art. 122, c. 1, del Codice).[19]

---

[19]www.garanteprivacy.it, *Individuazione delle modalità semplificate per l'informativa e l'acquisizione del consenso per l'uso dei cookie,* 8 maggio 2014 (Pubblicato sulla Gazzetta Ufficiale n. 126 del 3 giugno 2014).

Tali ricomprendono al loro interno, rispettivamente:

a) Cookies di sessione: sono utilizzati per la tracciatura di sessioni e memorizzazione di informazioni specifiche riguardanti gli utenti che accedono al sito, garantendo la normale navigazione e fruizione del servizio (permettendo, ad esempio, di realizzare un acquisto o autenticarsi per accedere ad aree riservate);

b) Cookies di funzionalità: permettono all'utente la navigazione in funzione di una serie di criteri selezionati (ad esempio, la lingua, i prodotti selezionati per l'acquisto) al fine di migliorare il servizio reso allo stesso;

c) Cookies analitici: utilizzati per raccogliere informazioni, in forma aggregata e anonima, per finalità statistiche sul numero degli utenti e su come questi visitano il sito stesso.

2. *I cookie di profilazione:* volti a creare profili relativi all'utente e vengono utilizzati al fine di inviare messaggi pubblicitari in linea con le preferenze manifestate dallo stesso nell'ambito della navigazione in rete[20].

In ragione della particolare invasività che tali dispositivi possono avere nell'ambito della sfera privata degli utenti, la normativa europea e italiana prevede che l'utente debba essere adeguatamente informato sull'uso degli stessi ed esprimere così il proprio valido consenso.

3. I *cookie di terze parti:* cookie impostati da un sito web diverso da quello che si sta attualmente visitando. Ad esempio, il sito esempio.it potrebbe contenere al suo interno un pulsante "Mi piace" di *Facebook.* Quel pulsante imposterà un cookie che può essere letto da *Facebook.*

E' bene ricordare, a tal proposito, che al fine di agevolare la comprensione per le aziende addette al *digital marketing* e non al settore, nonché ai soggetti interessati, in merito a questo nuovo processo, è anche disponibile on-line il video divulgativo realizzato dall'Autorità Garante per *"difendersi dai cookie"*[21], descritti come

---

[20] www.microell.it, F. Traficante, *La Privacy per il web marketing & cookies: consigli pratici – Parte II*, 7 maggio 2014.

[21] www.youtube.com, *Cookie e privacy: istruzioni per l'uso*, Garante dati personali, 16 gennaio 2015.

informazioni immesse sul browser quando si visita un sito web o si usa un social network tramite un qualunque *device* fisso o mobile (*pc, smartphone, tablet* o altro dispositivo).

I cookie, infatti, possono essere particolarmente invasivi per la privacy, soprattutto quelli di profilazione che studiano movimenti e abitudini di consultazione del web o di consumo per inviare pubblicità mirata e personalizzata.

A tal proposito è bene ricordare che l'impiego di cookie di profilazione è assoggettato all'obbligo di notifica[22] preventiva al Garante, ai sensi dell'art. 37, comma 1, lett. (d) del Codice Privacy.

La notificazione[23] va effettuata telematicamente, una sola volta e prima che inizi il trattamento dei dati e attendere la relativa autorizzazione, tempi di attesa che mediamente si aggirano tra sessanta e novanta giorni.

A ciò si aggiunga che ogni notificazione inviata al Garante (prima notificazione, modifica e/o aggiornamento o cessazione del trattamento) deve essere accompagnata dal pagamento dei diritti di segreteria, il cui importo è fissato in euro 150,00.

---

[22] www.wikipedia.it, La notificazione è una dichiarazione con la quale un soggetto pubblico o privato rende nota al Garante per la protezione dei dati personali l'esistenza di un'attività di raccolta e di utilizzazione dei dati personali, svolta quale autonomo titolare del trattamento.

[23] Ibidem, La notificazione all'Autorità Garante è doverosa laddove l'uso dei cookies sia finalizzato a *"definire il profilo dell'interessato, analizzare abitudini o scelte di consumo, ovvero monitorare l'utilizzo di servizi di comunicazione elettronica".*

Ma quando devo notificare?

Lo scenario che si prospetta si compone di tre diverse casistiche:

1. Cookie di profilazione proprietario del titolare del trattamento o della web agency che lo progetta e lo sviluppa;

2. Cookie di un soggetto terzo che il titolare del trattamento o la web agency implementa e personalizza anche sulla base delle esigenze specifiche del cliente;

3. Cookie di terze parti che prevede un accordo tra la web agency e la terza parte, che consenta alla prima, in nome e per conto del titolare del trattamento, di accedere e controllare in modo diretto le informazioni raccolte per utilizzarle per le finalità definite con il titolare del trattamento del sito web (es. Google Analytics Universal).

Per tutti e tre i casi, è bene precisare che il gestore del sito internet è il titolare del trattamento, mentre la web agency si qualifica come responsabile esterno di specifico trattamento. Se quest'ultima coincide anche con il gestore del sito internet, la web agency e il titolare del trattamento coincidono nello stesso soggetto.

Qualora invece, ci si avvalga dell'uso di un cookie, proprietario o non proprietario, che consenta mediante accordo tra il cliente e la web agency di accedere e trattare i dati, ciascuno per le sue diverse finalità e a patto e condizione che i relativi e specifici consensi informati siano stati adeguamenti conseguiti, allora entrambi i soggetti si qualificano come titolari autonomi del trattamento.

Nel caso in cui il gestore (o titolare del trattamento) di un sito web impieghi anche o unicamente cookie di profilazione di terze parti per cui sia il titolare del trattamento che la web agency non hanno possibilità alcuna di accedere ai dati, non sarà necessario provvedere alla notificazione, questo perché le modalità e le finalità del trattamento perseguite non rientrano nel controllo di quest'ultimo.

In tal caso, infatti, i dati saranno trattati unicamente dal soggetto terzo per le sue proprie finalità. (Es. Facebook share).

3.3 BANNER: COME DEVE ESSERE

Al fine di rendere l'utente più consapevole e informato in merito al trattamento dei suoi dati personali, mediante il possibile utilizzo di diverse tipologie di cookie, quali quelli di profilazione e di terze parti che potrebbero comportare un monitoraggio della navigazione di tale utente per svariate finalità, l'Autorità Garante ha previsto che il titolare del trattamento del sito web inserisca, ancor prima che l'utente acceda all'home page del sito, un banner informativo in materia privacy.

Ma cosa si intende per banner?

Tra le forme di pubblicità utilizzate su internet, il banner è senz'altro una delle più "antiche" (sempre che si possa usare questo aggettivo in relazione ad internet) e diffuse.

Si tratta di una "striscia" interattiva contenente il messaggio pubblicitario (di solito comprensivo di testi, immagini e, eventualmente, applicazioni multimediali) che viene visualizzata quando la pagina che la contiene viene aperta da un browser.

La funzione dei banner è sostanzialmente analoga a quella degli annunci pubblicitari tradizionali: comunica agli utenti l'esistenza di un prodotto, un'offerta o un servizio e li invoglia a ricercarne maggiori informazioni.

Cliccandoci sopra, permette quindi di attivare l'esecuzione di programmi, comunicazioni commerciali o di collegarsi tramite un link ad altre pagine web (tipicamente il sito promotore del prodotto/servizio pubblicizzato) relative alla campagna promozionale in atto, con il vantaggio non indifferente di rendere disponibili tutte le informazioni ricercate in tempo reale.

In ambito privacy, il banner indicato dall'Autorità Garante, invece, deve contenere informazioni in materia di protezione dei dati personali e deve presentarsi come uno "strip espandibile" che crea percezione di movimento all'interno della pagina web che l'utente sta visitando, al fine di sollecitare immediatamente l'attenzione del soggetto.

Per tale ragione, il banner, deve costituire discontinuità della navigazione, nonché essere di idonee dimensioni per contenere l'informativa breve, o in alternativa, espandibile.

Il suddetto deve presentare caratteri testuali più evidenti, se non diversi, rispetto a quelli utilizzati all'interno del sito che l'utente sta visitando; per risultare maggiormente visibile, deve anche presentarsi con colori contrastanti rispetto a quelli normalmente utilizzati dal titolare del trattamento della pagina web.

Al fine di rispettare la normativa privacy, il banner deve anche indicare la presenza di cookie di terze parti e/o di profilazione, qualora naturalmente il sito internet in questione li utilizzi per determinate finalità[24].

Vi sono poi, ulteriori accorgimenti da tener presente: in primo luogo il banner deve contenere un *link* all'informativa estesa, ed in secondo luogo, il suddetto deve dare indicazione della possibilità di negare il consenso all'utilizzo dei cookie all'interno dell'informativa estesa.

In ultima analisi è bene precisare che il banner deve indicare, in modo semplice e chiaro, che l'accettazione del consenso può essere manifestata continuando la navigazione, ad esempio compiendo un'azione di scorrimento su una diversa sezione della pagina web, oppure facendo *click* su uno dei link della pagina, o ancora, premendo sul tasto di accettazione/chiusura del banner stesso.

---

[24] Radio città del capo di Bologna, intervista a F. Traficante, *Nuove regole sui cookies*, www.microell.it/newsite/viewPagina.asp?pagID=468, 6 giugno 2014.

Di seguito un esempio grafico:

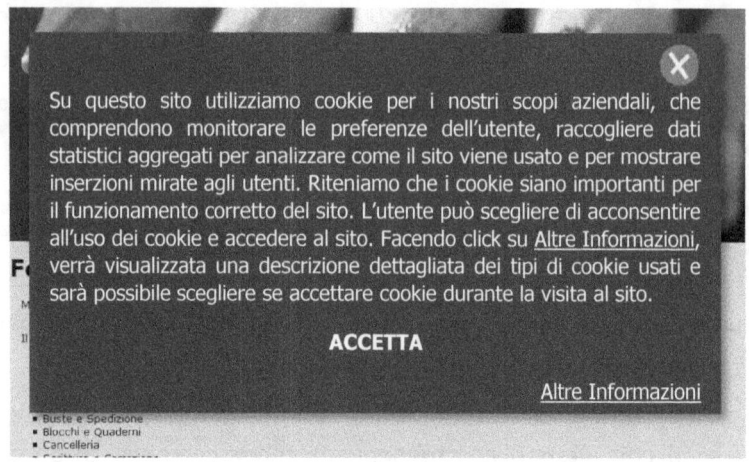

A parere di chi scrive è bene far presente che, mentre per le aziende tali metodologie di acquisizione del consenso potrebbero comportare una conversione in termini di accettazione all'uso dei cookie di circa un 90%, data la facilità di proposizione degli stessi, dall'altra potrebbe creare "confusione" per l'utente non particolarmente avvezzo a tale processo.

E' facile ipotizzare, infatti, che l'utente, compiendo un'azione di chiusura del banner, o semplicemente facendo un movimento sulla barra di scorrimento del sito, accetti inconsapevolmente l'utilizzo dei cookie.

3.4 BANNER: COSA DEVE CONTENERE

E' fondamentale fare delle ulteriori precisazioni:

1. Al fine di considerare valido il consenso manifestato dall'utente, è necessario che il suddetto soggetto effettui un'azione "positiva" (azione conseguente o concludente), ad esempio consentendo all'utente di proseguire la navigazione;

2. E' indispensabile chiarire e fornire la possibilità all'utente di negare, in qualsiasi momento, il consenso precedentemente espresso;

3. In ogni caso è onere del titolare del trattamento tenere traccia dei consensi manifestati: tale azione può essere realizzata tramite specifici cookie tecnici;

E' possibile, infine, applicare in modo "intelligente" la comparsa del banner, permettendo ad un medesimo utente, durante le visite successive alla prima, di non riproporre al suddetto l'informativa in materia privacy.

3.5 PRECISAZIONE

Al primo accesso di un browser al sito, i cookie tecnici possono essere rilasciati, mentre i cookie non tecnici (dunque quelli di profilazione) non possono essere rilasciati (questi ultimi dovranno essere bloccati attraverso l'intervento tecnologico sul codice del sito)[25].

In alternativa rispetto al suddetto blocco preventivo il titolare del trattamento del sito potrebbe anche rilasciare cookie di profilazione a condizione che ogni eventuale profilazione possa avvenire solo a seguito del consenso informato dell'utente.

A tal fine, il soggetto che rilascia i cookie dovrà far uso di appositi cookie tecnici di sessione per assicurare che gli eventuali utenti che abbiano navigato sul sito senza esprimere il consenso o il diniego (ad esempio, nel caso di navigazione *"cross site"* senza svolgere alcuna azione positiva - quale potrebbe essere il click ad un link all'interno del sito -, ma con la sola apertura sequenziale di pagine di vari siti) al successivo accesso al medesimo sito vengano considerati come nuovi utenti (e anche gli eventuali terzi che hanno rilasciato cookie dovranno tenere traccia del consenso).

---

[25] Principali associazioni di categoria, DMA Italia, Fedoweb, IAB Italia, Netcomm, Upa, *Kit Privacy Cookie*, 5 maggio 2015.

3.6 INFORMATIVA ESTESA E CONSENSO

Probabilmente ai più avvezzi del settore, tale paragrafo potrà sembrare al quanto banale, ma ritengo sia, invece, molto utile specificare quali debbano essere gli elementi fondamentali da prevedere in tema di cookie.

L'informativa, oltre naturalmente a contenere gli elementi comuni[26] (quali le finalità del trattamento dei dati, le modalità di trattamento, l'obbligatorietà del conferimento dei dati, gli estremi del titolare del trattamento e dei responsabili, la comunicazione e diffusione dei dati a soggetti diversi dal titolare del trattamento, le conseguenze di un eventuale rifiuto ed i diritti dell'art. 7 del D.lgs. n. 196/2003) deve contenere un'indicazione di cosa sono i cookie, la descrizione delle caratteristiche e delle finalità di ciascuno.

Oltre a ciò, devono essere ben chiarite le diverse modalità di manifestazione del consenso, ad esempio mediante la chiusura del banner ad inizio pagina.

Importante è, inoltre, prevedere un consenso modulare e specifico per ogni singolo cookie di profilazione eventualmente utilizzato dal titolare del trattamento del sito internet di riferimento, nonché

---

[26] Si ricorda che gli elementi essenziali da inserire all'interno di un'informativa risultano i seguenti: finalità del trattamento, modalità di trattamento, obbligatorietà o meno del conferimento dei dati personali da parte dell'utente, indicazione della eventuale comunicazione e/o diffusione dei dati a soggetti terzi, indicazioni inerenti le conseguenze di un eventuale rifiuto di rispondere, estremi del titolare del trattamento e di eventuali responsabili, nonché i diritti riconosciuti ex art. 7 del D.lgs. n.196/2003.

adeguate istruzioni per esercitare un blocco all'utilizzo dei cookie mediante browser.

Infine, è bene che l'informativa suddetta indichi le finalità dei cookie di terze parti eventualmente presenti, nonché i *link* alle rispettive informative e consensi; qualora però il titolare del trattamento non abbia contatti diretti con le terze parti, o nel caso in cui fosse particolarmente difficile individuare tutte le terze parti coinvolte, sarà sufficiente che il titolare del trattamento inserisca all'interno di tale informativa un riferimento, mediante specifico *link*, al sito www.youronlinechoices.com/it[27].

3.7 CHIARIMENTI 5 GIUGNO 2015 E INFOGRAFICA

Il Garante Privacy, considerata la delicatezza della materia, è intervenuto con una, pressoché recente, nota per fornire alcuni chiarimenti sugli obblighi dei siti e sulla necessità di tutelare la privacy degli utenti, il cui consenso preventivo è essenziale ai fini dell'uso lecito dei cosiddetti cookie di profilazione (cioè quelli che tracciano le scelte di navigazione dell'utente).

Innanzitutto viene specificato che la normativa in materia di cookie si applica a tutti i siti che, a prescindere dalla presenza di una sede nel territorio dello Stato, installano cookie sui terminali

---

[27] Il predetto sito internet si presenta come una guida sulla pubblicità comportamentale e la privacy on-line; in particolare si possono trovare informazioni su come funziona la pubblicità comportamentale, sui cookie, e su come garantire la privacy su internet.

Principali associazioni di categoria, DMA Italia, Fedoweb, IAB Italia, Netcomm, Upa, *Kit Privacy Cookie*, 5 maggio 2015.

degli utenti, utilizzando, quindi, per il trattamento strumenti situati sul territorio nazionale.

I siti che non consentono l'archiviazione delle informazioni nell'apparecchio dell'utente o l'accesso a informazioni già archiviate, e che quindi non utilizzano cookie, non sono soggetti agli obblighi previsti dalla normativa.

Per l'uso di cookie esclusivamente tecnici (necessari cioè per far funzionare il sito) è richiesto il solo rilascio dell'informativa con le modalità ritenute più idonee (ad es. inserendo il riferimento nella privacy policy del sito) senza necessità di realizzare un apposito banner.

I cookie analitici (cioè quelli necessari per monitorare l'uso del sito da parte degli utenti per finalità di ottimizzazione dello stesso per finalità statistiche su dati anonimi e aggregati) possono essere assimilati ai cookie tecnici se vengono realizzati e utilizzati direttamente dal sito senza l'intervento di soggetti terzi.

Qualora venga utilizzato un cookie analitico di terza parte (es. Google Analytics), sebbene il gestore del sito internet acceda alle informazioni, per finalità statistiche, unicamente su base anonima e aggregata, ma la terza parte vi acceda in chiaro, dunque non in modalità anonima e aggregata, nonché li incroci e arricchisca con altri dati di cui risulta già in possesso, tale cookie non potrà invece essere assimilato ad un cookie tecnico.

Al fine di qualificare un cookie analitico realizzato e messo a disposizione da terze parti come un cookie tecnico, è necessario che le terze parti utilizzino strumenti idonei a ridurre il potere identificativo dei cookie (per esempio, mediante il mascheramento di porzioni significative dell'indirizzo IP). A tal proposito nel prossimo capitolo approfondiremo le modalità di gestione dei cookie analitici.

L'impiego di tali cookie deve, quindi, essere subordinato a vincoli contrattuali tra gestori dei siti e terze parti, nei quali si faccia espressamente richiamo all'impegno della terza parte ad utilizzare i dati esclusivamente per la fornitura del servizio, a conservarli separatamente e a non "arricchirli" e a non "incrociarli" con altre informazioni di cui esse dispongano.

Molti siti hanno evidenziato la difficoltà di apportare le modifiche necessarie in materia di cookie alle proprie piattaforme che già contengono al loro interno strumenti, spesso pre-configurati (es. Joomla), per la gestione dei cookie.

Consapevole di tali difficoltà, il Garante aveva indicato ai siti il termine di un anno per adeguarsi compiutamente alla normativa.

In caso di cookie di profilazione provenienti da domini "terze parti" (www.facebook.com/advertising), sono necessari due elementi:

a) il banner che genera l'evento idoneo a rendere il consenso documentabile (a carico del sito principale);

b) i link aggiornati ai siti gestiti dalle terze parti in cui l'utente potrà effettuare le proprie scelte in merito alle

c) categorie e ai soggetti da cui ricevere cookie di profilazione.

Il Garante chiarisce inoltre che se sul sito i banner pubblicitari o i collegamenti con i social network sono semplici link a siti di terze parti che non installano cookie di profilazione non c'è bisogno di informativa e consenso; nel caso contrario invece si rendono necessari entrambi (es. servizio "commenta" di facebook).

Nell'informativa estesa il consenso all'uso di cookie di profilazione potrà essere richiesto per categorie (es. viaggi, sport).

Il provvedimento del Garante prevede, inoltre, che la prosecuzione della navigazione mediante accesso ad altra area del sito o selezione di un elemento dello stesso (ad esempio, di un'immagine) comporta la prestazione del consenso all'uso dei cookie.

Il Garante fa presente, dunque, che a tal fine sono ammesse soluzioni per l'acquisizione del consenso basate su "scroll" o sulla prosecuzione della navigazione all'interno della medesima pagina web.

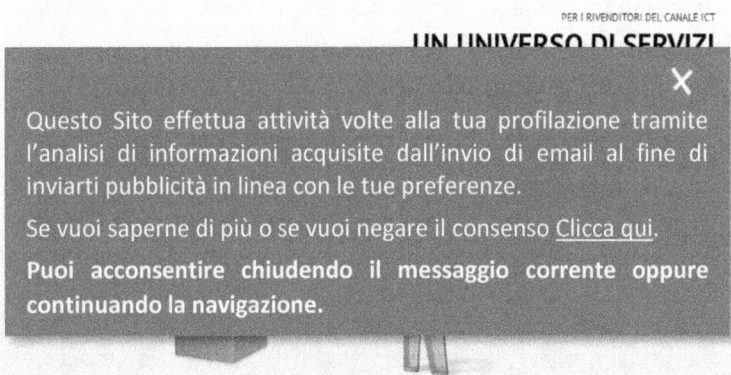

È però necessario che tali soluzioni, particolarmente rilevanti nel caso di dispositivi mobili, siano chiaramente indicate nell'informativa e siano in grado di generare un evento, registrabile e documentabile presso il server del gestore del sito (prima parte), che possa essere qualificato come azione positiva dell'utente.

Qualora, poi, un titolare gestisca più siti web, sarà sufficiente effettuare una sola notifica al Garante per l'utilizzo dei cookie (ad esempio www.azienda.it/formazione e www.azienda.com/servizi).

A causa, però, della notevole ed indubbia confusione generata nei riguardi dei gestori dei siti internet, l'Autorità Garante ha deciso di pubblicare un'infografica ben chiara a dimostrazione di quanto premesso.

Tale metodologia di comunicazione forse anticipa già ciò che si intende realizzare con il nuovo regolamento europeo, e dunque, fornire informazioni chiare e semplici, utilizzando anche "fumetti e/o immagini".

Nella pagina successiva procedo a fornire l'infografica pubblicata sul sito ufficiale dell'Autorità Garante per la protezione dei dati personali in data 11 giugno 2015:

GARANTE PER LA PROTEZIONE DEI DATI PERSONALI

Il tuo sito/blog installa cookie? Cosa devi fare

IMPORTANTE: per una corretta interpretazione degli adempimenti previsti, si raccomanda la consultazione del **Provvedimento del Garante dell'8 maggio 2014** e dei **«Chiarimenti in merito all'attuazione della normativa in materia di cookie»**. I documenti sono disponibili su www.garanteprivacy.it/cookie

LEGENDA:  adempimento previsto adempimento non previsto

CHE TIPO DI COOKIE INSTALLI?	Segnalarli nell'informativa (Art.2, par. 5, Direttiva 2009/136/CE e art. 122, comma 3, Codice privacy)	Inserire il banner e richiedere il consenso ai visitatori (Art.2, par. 5, Direttiva 2009/136/CE e art. 122, comma 1, Codice privacy)	Notificare al Garante (Art. 37, comma 1, lett. d), Codice privacy)
Nessun cookie	✗	✗	✗
Tecnici o analitici prima parte	➜	✗	✗
Analitici terze parti (se sono adottati strumenti che riducono il potere identificativo dei cookie e la terza parte non incrocia le informazioni raccolte con altre di cui già dispone) – vedi punto 2 dei «Chiarimenti in merito all'attuazione della normativa in materia di cookie»	➜	✗	✗
Analitici terze parti (se **NON** sono adottati strumenti che riducono il potere identificativo dei cookie e la terza parte non incrocia le informazioni raccolte con altre di cui già dispone) – vedi punto 2 dei «Chiarimenti in merito all'attuazione della normativa in materia di cookie»	➜	➜	➜
Di profilazione prima parte	➜	➜	➜
Di profilazione terze parti	➜	➜	✗

ⓘ La notificazione è a carico del soggetto terza parte che svolge l'attività di profilazione

3.8 SEMINARIO FORMATIVO 3 LUGLIO 2015

E' di inizio luglio 2015 il Seminario formativo organizzato dall'Autorità Garante Privacy in materia di "*Cookie e Protezione dei Dati Personali*" tenutosi a Roma presso il CEFODIFE (Centro Formazione della Difesa).

Il Garante, in tale occasione, ha ribadito le indicazioni fornite nei Chiarimenti del 5 giugno e successiva Infografica, spiegando in maniera dettagliata come gestire in maniera corretta i cookie e soffermandosi particolarmente sui c.d. Analitici tra cui Google Analytics per il quale è possibile tramite degli accorgimenti, e vedremo come, evitare la notificazione e relativi costi.

Quali sono le categorie di cookies e le loro funzioni? Il Garante prevede tre macro categorie; ma i cookie analitici? Qual è la loro categoria di appartenenza? Dipende.

Proprio da qui, infatti, derivano i molti dubbi e le numerose opinioni e pareri, anche contrastanti, esposte dagli utenti nel corso del mese precedente. Il Garante interviene nuovamente proprio per fare maggiore chiarezza e sciogliere definitivamente ogni dubbio, soprattutto in tal senso.

Quali sono quindi le variabili da tenere necessariamente in considerazione? Sono diverse: l'anonimizzazione o meno della base dati, qual è il soggetto che "profila" tali dati, l'editore del sito web e/o la terza parte, e infine le finalità di tale trattamento da parte sia dell'editore che della terza parte.

Possiamo rappresentare brevemente le principali casistiche in tre gruppi:

1. Il Cookie Analitico è equiparabile al Cookie Tecnico: in tal caso l'editore anonimizza gli indirizzi IP degli utenti e non condivide informazioni con la terza parte. L'unico adempimento è l'informativa semplice;

2. Il Cookie Analitico è considerato di Profilazione: risulta assente l'anonimizzazione degli IP e i dati sono condivisi con la terza parte. Diversi sono gli obblighi quali, il banner di consenso, l'informativa multistrato e la notificazione;

3. Il Cookie Analitico è paragonabile a Profilazione di Terze Parti: viene resa attiva l'anonimizzazione degli IP, ma le informazioni sono condivise con la terza parte che profila in maniera autonoma. L'editore deve gestire il banner di consenso e l'informativa multistrato. La terza parte, invece, deve notificare tali trattamenti.

Approfondiamo ora un caso pratico largamente diffuso che potrà rendere le idee più chiare e fornire sicuri e preziosi spunti di riflessione: Google Analytics.

La stragrande maggioranza dei siti web è di puri contenuti e si avvale di questo strumento per poter analizzare i dati di navigazione in modalità anonima e aggregata: ma la terza parte, cioè Google? Acquisisce tali informazioni in chiaro, le incrocia con altre a sua disposizione, le arricchisce, le tratta direttamente e indirettamente, le condivide con i propri partner, e tutto ciò per le più svariate finalità tra le quali prevale sopra a tutte la profilazione per finalità di marketing.

All'interno del pannello di controllo di Analytics è, però, possibile sia anonimizzare l'IP che non condividere le proprie informazioni con Google e i propri partner.

L'anonimizzazione IP avviene non appena i dati vengono ricevuti dalla rete di raccolta di Analytics (Collector), prima che avvenga qualsiasi memorizzazione o elaborazione; in questo modo l'indirizzo IP completo non è mai scritto su disco. Nel codice sorgente dello script di Google Analytics inserito nelle pagine web va aggiunta, sotto la riga con l'ID di monitoraggio, la seguente stringa: *"ga('set', 'anonymizeIp', true);"*. Al termine della procedura il codice avrà la struttura di seguito riportata.[28]

```
<script>
(function(i,s,o,g,r,a,m){i['GoogleAnalyticsObject']=r;
i[r]=i[r]||function(){(i[r].q=i[r].q||[]).push(argumen
ts)},i[r].l=1*new Date();a=s.createElement(o),

m=s.getElementsByTagName(o)[0];a.async=1;a.src=g;m.par
entNode.insertBefore(a,m)})(window,document,'script','
//www.google-analytics.com/analytics.js','ga');

  ga('create', 'UA-00000000-1', 'auto');
  ga('send', 'pageview');
  ga('set', 'anonymizeIp', true);

</script>
```

---

[28] www.microell.it, F. Traficante, *Cookie Law: Nuove Indicazioni del Garante Privacy - Come gestirli correttamente. Google Analytics: evitare la notificazione è possibile*, 9 luglio 2015.

Nella sezione amministrazione è possibile, infine, modificare le impostazioni dell'account. Alla voce impostazioni di condivisione dei dati occorre togliere la spunta a tutti i seguenti servizi: prodotti e servizi Google; assistenza tecnica; esperti dell'account (entrambe le voci), etc. Al termine della procedura avrete un pannello così configurato:

I dati raccolti, elaborati e salvati con Google Analytics ("dati di Google Analytics") sono protetti e riservati. Questi dati vengono utilizzati per fornire e gestire il servizio, eseguire operazioni fondamentali per il sistema e, in rare eccezioni, per motivi legali, come descritto nelle nostre norme sulla privacy.

Le opzioni di condivisione dei dati ti consentono di avere un maggiore controllo sulla condivisione dei tuoi dati di Google Analytics. Ulteriori informazioni.

☐ **Prodotti e servizi Google** OPZIONE CONSIGLIATA
Condividi i dati di Google Analytics con Google per migliorare i prodotti e i servizi offerti da Google. Se disattivi questa opzione, i dati possono comunque essere inviati ad altri prodotti Google collegati esplicitamente ad Analytics. Per consultare o modificare le tue impostazioni, accedi alla sezione sul collegamento dei prodotti di ogni proprietà.

☐ **Benchmarking** OPZIONE CONSIGLIATA
Partecipa alla raccolta di dati anonimi da inserire in un set di dati aggregati per consentire l'utilizzo di funzioni come il benchmarking e la pubblicazione, che aiutano a comprendere meglio l'andamento dei dati. Tutte le informazioni che consentono di identificare il tuo sito web verranno rimosse e unite ad altri dati anonimi, prima della loro condivisione con altri.

☐ **Assistenza tecnica** OPZIONE CONSIGLIATA
Consenti agli addetti dell'assistenza tecnica di Google di accedere ai tuoi dati e al tuo account Google Analytics, se necessario, per fornire assistenza e trovare soluzioni a problemi tecnici.

☐ **Esperto dell'account** OPZIONE CONSIGLIATA
Consenti agli esperti di marketing di Google e agli esperti di vendite di Google di accedere al tuo account e ai tuoi dati Google Analytics, per permettere loro di individuare modi per migliorare la configurazione e l'analisi, ma anche di condividere con te suggerimenti per l'ottimizzazione. Se non hai esperti di vendite dedicati, concedi l'accesso ai rappresentanti Google autorizzati.

☐ Concedi a tutti gli esperti di vendite di Google accesso ai tuoi dati e al tuo account, in modo da poter ottenere informazioni, analisi e consigli più approfonditi sui prodotti Google.

Entrambe le impostazioni sopra descritte permettono di equiparare Analytics a un cookie tecnico, per il quale si rende necessaria la sola menzione in informativa, evitando sia il banner di consenso e soprattutto la Notificazione all'Autorità Garante.

Da un punto di vista giuridico, il pannello di controllo con relativi termini e condizioni d'uso è, poi, paragonabile ad un contratto di servizi che regolamenta le condizioni di erogazione della prestazione in oggetto, tramite il quale l'editore, anche modificando le impostazioni di base, e la terza parte si impegnano a usufruire il primo e ad erogare il secondo il servizio previsto.

Così facendo l'editore del sito web potrà continuare a verificare i propri dati anonimi e aggregati relativi alla navigazione, ma soprattutto la terza parte non potrà trattare i dati personali degli utenti in chiaro e per proprie e autonome finalità senza un loro preventivo e specifico consenso.

Google, anche all'interno del pannello di controllo di Analytics, dichiara esplicitamente quali sono le proprie finalità di trattamento e fornisce le indicazioni su come anonimizzare gli IP e modificare le impostazioni di condivisione.

Si è ovviamente ben lontani dai principi di Privacy by Design e Privacy by Default tra l'altro previsti e rafforzati dal nuovo Regolamento europeo privacy che a breve dovrebbe vedere la luce, ma va quanto meno riconosciuta a Google una nuova e maggiore trasparenza e soprattutto una certa volontà di andare incontro a quelle che sono le nuove e recenti normative in materia di cookie.

All'interno sempre del pannello di controllo è presente anche una aggiornata sezione "Privacy e protezione dei dati" dove sono proprio riepilogate le funzioni sopra descritte e tante altre, tra cui una nuova informativa privacy datata ben 30 giugno 2015.

Non saprei dire da quanto tempo tutto ciò è presente all'interno del pannello di controllo così come si presenta oggi, ma l'impressione è che quanto meno ci sia stato un aggiornamento complessivo e recente, forse anche frutto delle pressioni da parte della nostra Autorità Garante che sta cercando da una parte di tutelare la privacy degli utenti della rete e dall'altra parte di semplificare una gestione corretta dei cookie.

Si tratta decisamente di un primo passo davvero importante. Uno dei principali player del web si è attivato in tal senso spinto anche da probabili motivazioni di mercato.

Google, attualmente, è tra i pochissimi a consentire le azioni sopra delineate ed è probabile che il mercato, quanto meno in questa fase, lo premierà andando ad avvalersi di tale tecnologia a discapito degli altri competitors.

A questi ultimi non rimarrà che intraprendere, necessariamente, la stessa strada per non rimanere "tagliati fuori". Questa sarà un'altra vittoria della nostra Autorità Garante.

SCRIVI LE TUE CONSIDERAZIONI

_____

_____

_____

_____

_____

_____

_____

_____

_____

_____

_____

_____

_____

@ francesco.traficante@microell.it

⌂ www.microell.it

in it.linkedin.com/in/francescotraficante

f www.facebook.com/microellsrl

🐦 twitter.com/F_Traficante

g+ plus.google.com/+FrancescoTraficante

CAPITOLO II

4 PROFILAZIONE ON-LINE

Anzitutto è bene definire il concetto di profilazione: secondo l'Autorità Garante, infatti, per profilazione si intende *"analisi ed elaborazione di informazioni relative a utenti o clienti, al fine di suddividere gli interessati in profili, ovvero in gruppi omogenei per comportamenti o per caratteristiche sempre più specifici, con l'obiettivo di pervenire all'identificazione inequivoca del singolo utente"*.

Sono state pubblicate sulla Gazzetta Ufficiale in data 6 maggio 2015 delle Linee Guida prescrittive da parte dell'Autorità Garante per la protezione dei dati personali (di seguito anche solo Garante) sulla profilazione on-line dei dati degli utenti. [29] Il provvedimento non si discosta dai precedenti provvedimenti dell'Autorità Garante su questa materia, in particolare riguardanti le fidelity card, i cookies e simili.

Si tratta però di un provvedimento specificamente mirato al web ovvero ai siti on-line, ai social network, ai motori di ricerca, ai servizi cloud, ma anche all'utilizzo di applicazioni volte al monitoraggio comportamentale o di profilazione vera e propria in altri processi di digital marketing tra i quali a titolo esemplificativo

---

[29] www.garanteprivacy.it, *Linee guida in materia di trattamento di dati personali per profilazione on-line* (19 marzo 2015) - Pubblicato sulla Gazzetta Ufficiale n. 103 il 6 maggio 2015.

Direct E-Mail Marketing (DEM), *Proximity Marketing[30]* e così via; in pratica, a tutti i sistemi che consentono di raccogliere e successivamente includere in categorie, controllare in minore o in maggiore grado o creare profili dell'utente allo scopo di offrirgli pubblicità o prodotti e servizi mirati, analizzare e monitorare il comportamento degli utenti e sfruttare commercialmente tali profili.[31]

4.1 BREVE SINTESI DELLE "LINEE GUIDA IN MATERIA DI TRATTAMENTO DI DATI PERSONALI PER PROFILAZIONE ON-LINE"

Data la recente emanazione di tale provvedimento, ritengo utile fare una panoramica generale sulle principali novità affrontate dall'Autorità Garante, per poi porre l'accento su alcune tematiche specifiche, quali le avvertenze multistrato ed i tempi di *data retention*.

L'Autorità Garante specifica anzitutto che la profilazione può derivare (i) dalla fornitura di servizi di inoltro e ricezione di email; (ii) dall'incrocio di dati personali raccolti in occasione della fornitura di funzioni messe a disposizione; (iii) dall'uso di cookies

---

[30]www.wikipedia.it, *"E' una tecnica di marketing che opera in un determinato territorio sfruttando tecnologie di comunicazione di tipo visuale e mobile per promuovere la vendita di prodotti e servizi. Questa tecnica agisce sulle persone che si trovano in una determinata area e siano vicine a un dispositivo atto a instaurare una comunicazione. La sua diffusione abbraccia diverse metodologie e modelli di applicazioni e tecnologie (Bluetooth, RFID, NFC, audio di prossimità, etc.)".*

[31] www.microell.it, F. Traficante, *Profilazione on-line & cookies: ultimi giorni per adeguarsi*, 8 maggio 2015.

di profilazione; (iv) dall'uso di altri identificatori (quali credenziali di autenticazione, fingerprinting, etc.) necessari a ricondurre agli utenti schemi comportamentali relative alle funzioni offerte.

La predisposizione dei testi delle informative e del consenso possono cambiare a seconda che venga considerata la situazione dell'utente "autenticato" per certi servizi e l'utente non "autenticato".

Il Garante sottolinea comunque la necessità di garantire a tutti gli utenti una informativa accessibile e completa, che magari consenta l'accesso attraverso un semplice click, anche evitando una stratificazione ed una frammentazione eccessiva delle informazioni.

Nel caso in cui le informative siano multistrato, il Garante prevede una specifica struttura che dovrà contenere una serie di informazioni a seconda dei "livelli" di accesso. A tal proposito segue paragrafo di approfondimento.

Quanto al consenso, il Garante sottolinea che l'archiviazione dei dati degli utenti, così come la fornitura di servizi di invio e ricezione di email non richiedono il consenso dell'utente se finalizzati alla mera fornitura di un servizio (es. pagina web che presenta come unica finalità l'iscrizione alla newsletter da parte di utenti della rete) o all'archiviazione tecnica (cookie tecnici), mentre lo richiedono se finalizzati alla profilazione come ad esempio alla visualizzazione di pubblicità mirata nei confronti dell'utente e/o per le sole attività di monitoraggio delle preferenze di navigazione, anche di utenti non autenticati.

Il consiglio è di provvedere ugualmente ad una registrazione dei consensi anche nei casi in cui non si rende necessario, perché qualora si verifichi una richiesta di diritto di accesso (ex art. 7 del Codice) o un'attività ispettiva da parte delle autorità competenti, il titolare del trattamento ha l'obbligo, in ogni caso, di dimostrare come siano stati acquisiti tali consensi (principio di inversione dell'onere della prova).

Il consenso è parimenti richiesto se il fornitore del servizio incrocia i dati degli utenti forniti o desumibili in occasione delle diverse funzionalità utilizzate da quest'ultimo.

Anche per l'utilizzo di cookies di profilazione e di *fingerprints* (cd. Impronta genetica) o per altri sistemi che (come questo) costituiscano una tecnica di identificazione dell'utente, è necessario acquisire il consenso di quest'ultimo (anche se non autenticato) in un momento precedente rispetto all'uso delle funzionalità proposte e che dovrà essere registrato e documentabile.

Se l'utente non è autenticato, ciò può essere fatto offrendo all'utente degli spazi specifici accessibili già dalla *home page*, che contenga un link all'informativa specifica, l'indicazione che i dati vengono profilati, un link ad un'area in cui possa essere negato il consenso, l'avviso che proseguendo la navigazione si accetterà la profilazione.

Ogni pagina web deve poi contenere un *disclaimer* specifico.

Se l'utente è autenticato, il Garante sottolinea l'importanza di garantire a quest'ultimo le medesime tutele dell'utente non autenticato, anche fornendo un link ben visibile con l'elenco delle funzionalità e che sia parimenti garantito in ogni momento il diritto di revoca del consenso.

Inoltre la documentazione delle scelte espresse dall'utente non autenticato dovrà valere solo in relazione al dispositivo utilizzato da quest'ultimo nell'effettuare l'accesso al web, mentre se l'utente è autenticato deve valere per tutti i dispositivi utilizzati (siano essi *pc, smartphone, tablet,* etc.).

4.2 LE AVVERTENZE MULTISTRATO

In primo luogo l'Autorità Garante sottolinea, quindi, come l'informativa ex art. 13 del Codice Privacy deve essere sempre resa agli utenti, così da renderli consapevoli circa i possibili impieghi delle informazioni loro riferibili.

Un'idonea informativa rappresenta l'ineludibile presupposto per consentire agli interessati medesimi di esprimere o meno il proprio consenso ai trattamenti di dati che li riguardano, a seguito della necessaria e personale valutazione sull'impatto che tali trattamenti potranno avere sul proprio diritto alla protezione dei dati personali.

L'informativa deve essere conforme alla legge, facilmente accessibile con un solo click, formulata in modo chiaro, completo ed esaustivo, e deve essere data la possibilità agli utenti di valutare i cambiamenti apportati alla stessa, mediante raffronto tra le diverse versioni che si sono susseguite nel tempo.[32]

Proprio con riferimento a questo ultimo aspetto, il Garante si sofferma sul tema delle "avvertenze multistrato", già oggetto di attenzioni da parte dei Garanti Europei.

Si tratta, cioè, di strutturare in più livelli l'informativa, così da migliorare la fruibilità delle informazioni rese agli interessati.

Tale architettura, tuttavia, dovrebbe essere configurata evitando un'eccessiva frammentazione dei dati in più sottolivelli, pena la dispersione delle informazioni.

Vediamo, dunque, come impostare tali informative, aiutandoci anche con immagini grafiche.

L'informativa di primo livello deve poter essere immediatamente accessibile con un semplice *click* (da qualsiasi pagina del sito) e deve contenere le informazioni di carattere generale di maggiore importanza (trattamenti effettuati, tipologie di dati, qualifica del titolare del trattamento ed estremi identificativi, indicazione di eventuali altri titolari del trattamento, contatto presso cui gli interessati possono esercitare in modo agevole i propri diritti).

Proprio in questo primo livello deve essere riportata anche l'indicazione della finalità di profilazione perseguita, indicando dettagliatamente le modalità di acquisizione del consenso al

---

[32] www.microell.it, F. Traficante, *"Profilazione on line & Cookie: ultimi giorni per adeguarsi"*, 8 maggio 2015.

trattamento dei dati personali.

Possiamo, quindi, affermare che l'informativa di primo livello altro non è che la "classica" informativa a cui tutti noi siamo abituati, resa un po' più dettagliata e specifica.

Qui di seguito gli elementi essenziali da indicare in informativa:

Finalità

Finalità del trattamento
(Indicazione profilazione)

Modalità

Modalità del trattamento

Dati Personali

Dati personali oggetto del
trattamento

Categorie di Dati

Specifiche categorie di dati
(localizzazione, IP, Wi-Fi)

Diritti Art. 7

Indirizzo per l'esercizio
dell'Articolo 7

Titolare del trattamento e dei Responsabili

Estremi Titolare
trattamento/Responsabili

L'informativa di secondo livello, invece, deve poter essere accessibile con un *link* da quella di primo livello, e contenere specifiche funzionalità ed esempi per chiarire le modalità del trattamento.

Potrebbe inoltre contenere l'archivio delle precedenti versioni dell'informativa, i rischi specifici in caso di utilizzazione del servizio, oltre ad ulteriori indicazioni utili per un efficace esercizio dei diritti riconosciuti agli utenti.

Infine, dovranno essere definiti tempi certi di conservazione dei dati proporzionati a ciascuna specifica finalità perseguita, dando, inoltre, evidenza delle reali motivazioni per le quali sono stati definiti tali tempi di *data retention* (conservazione dei dati).

Tali motivazioni andranno a costituire la cosiddetta "documentazione delle scelte".

Qui di seguito gli elementi essenziali da indicare in tale seconda informativa:

Funzionalità

Specifiche funzionalità

ESEMPI

Esempi per chiarire le modalità di trattamento

Informative Precedenti

Archivio informative precedenti

Rischi per l'Interessato

Rischi per l'Interessato derivanti dai servizi web

Diritti Art. 7

Dettagli per l'esercizio dell'articolo 7

Tempi di Conservazione

Indicazione tempi di conservazione

4.3 TEMPI DI DATA RETENTION

Molto discussa è la tematica relativa ai tempi di conservazione dei dati personali dei soggetti interessati; proprio per tale ragione è bene fare una panoramica generale di ciò che ha, fino ad ora, previsto a livello nazionale l'Autorità Garante.

Definire una politica di *data retention* significa valutare, sulla base di considerazioni oggettive ed in rapporto alle finalità che si intendono perseguire, adeguati tempi di conservazione dei dati personali dei soggetti interessati.

Allo scadere di tale arco temporale definito, quindi, l'organizzazione dovrà procedere ad una cancellazione permanente ed irreversibile di tutti i dati in possesso oppure anonimizzare tali dati in maniera irreversibile per poterli utilizzare anche in modalità aggregata per le sole finalità di tipo statistico.

Addentriamoci, ora, nel confuso mondo della conservazione dei dati.

Le politiche inerenti i termini di conservazione non sempre sono stabiliti normativamente, al contrario per taluni trattamenti è necessario procedere ad un'attenta verifica che il risultato contemperi l'indubbio interesse aziendale a conservare i dati, con i principi fissati dal Garante Privacy anche rispetto alle finalità di trattamento perseguite.

L'Autorità Garante, infatti, eccezion fatta per i dati di acquisto, per cui prevede una conservazione per un tempo massimo di dodici mesi, qualora tali dati vengano utilizzati per attività volte alla profilazione, e di ventiquattro mesi per le attività indirizzate unicamente al marketing "(...) *In ogni caso, i dati relativi al dettaglio degli acquisti con riferimento a clienti individuabili possono essere conservati per finalità di profilazione o di marketing per un periodo non superiore, rispettivamente, a dodici e a ventiquattro mesi dalla loro registrazione, salva la reale trasformazione in forma anonima che non permetta, anche indirettamente o collegando altre banche di dati, di identificare gli interessati (...)"*[33], non fornisce indicazioni precise.

Nell'ambito del marketing ed in particolare del digital marketing, è bene ricordare, dunque, che il sopra citato è l'unico provvedimento in materia che fornisce indicazioni specifiche in tema di data retention.

Con riguardo a tale ultima considerazione, è bene ricordare che l'Autorità Garante si è sempre espressa in termini generici: *"(...) con particolare riferimento ai tempi di conservazione e in applicazione dei princìpi di pertinenza e non eccedenza (artt. 3 e 11, comma 1, lett. d), del Codice), va prescritta l'identificazione dei tempi massimi di conservazione dei dati trattati alla luce delle finalità in concreto perseguite dalla società (...)"*, fatta salva la sussistenza di obblighi di legge (ad esempio, in relazione alla tenuta di scritture contabili: art. 2220 Codice civile).[34]

---

[33] www.garanteprivacy.it, *"Fidelity card e garanzie per i consumatori. Le regole del Garante per i programmi di fidelizzazione"*, 24 febbraio 2005.

[34] www.garanteprivacy.it, Provvedimento *Vendita a domicilio e trattamento di dati a fini di marketing in violazione di legge*, 19 maggio 2008.

Sulla base di quanto premesso, si evince quindi che, il titolare del trattamento che voglia, per qualsiasi finalità, procedere ad una conservazione dei dati dei soggetti interessati, dovrà sempre esplicitare in informativa tale periodo e giustificarlo per ogni finalità di trattamento che intende perseguire.

Tali tempi dovranno essere adeguatamente definiti in una sorta di documentazione delle scelte[35], al fine di giustificare, a fronte di una eventuale ispezione da parte delle Autorità competenti in materia, le ragioni che hanno portato a tale decisione.

Tale principio viene di fatto indicato all'interno delle *"Linee guida in materia di trattamento di dati personali per profilazione on-line"* (pubblicato in Gazzetta Ufficiale in data 6 maggio 2015).

Il Garante Privacy è però consapevole che tali prescrizioni possono, in determinate occasioni, risultare restrittive in rapporto all'attività che una determinata Organizzazione, in qualità di Titolare del trattamento, svolge.

Tali eccezioni sono state affrontate dall'Autorità Garante a seguito di richieste di verifiche preliminari[36], tra queste quelle richieste da parte di note società che si occupano della vendita di beni di lusso, quali Bulgari, Ferragamo e Tod's, al fine di richiedere un'estensione dei tempi di conservazione dei dati per finalità di

---

[35] www.microell.it, F. Traficante, *Profilazione on line & cookie: ultimi giorni per adeguarsi*, 8 maggio 2015.

[36] www.garanteprivacy.it, *Codice in materia di protezione dei dati personali*, art. 17, co II, n. 196, 30 giugno 2003.

profilazione e marketing.

Nello specifico, le citate società hanno dimostrato come l'indicazione di un periodo di conservazione così limitato poco si addice alla tipologia di beni/prodotti che queste trattano.

La richiesta di un tempo di conservazione dei contatti pari a dieci anni, infatti, viene giustificata dalla considerazione che ciascuna di queste Organizzazioni offre beni di lusso, che in quanto tali *"vengono acquistati con una frequenza di due per anno"*[37].

E' proprio per tale ragione che il codice italiano in materia di protezione dei dati personali non può risultare pretestuoso nell'andare a determinare tempi "prestabiliti" di conservazione dei dati.

A seconda, infatti, delle categorie a cui ci si rivolge, in relazione alle finalità da ciascuna organizzazione perseguite, e tanto più in relazione alle attività esistenti così diversificate, sarebbe davvero irragionevole procedere in tal senso.

Il consiglio, dunque, che si vuole fornire è quello di prevedere che ciascun titolare del trattamento decida, in relazione all'attività che svolge la propria organizzazione, congrui tempi di conservazione dei dati, ma, soprattutto, che argomenti tale decisione ed inserisca tali considerazioni all'interno di un archivio relativo alla

---

[37] www.garanteprivacy.it, *Trattamento e conservazione di dati personali della clientela per finalità di profilazione*, Verifica preliminare richiesta da Bulgari S.p.A., 24 aprile 2013.

documentazione delle scelte.

Mediante tale azione, infatti, il titolare del trattamento potrebbe giustificare, a fronte di eventuali attività ispettive da parte del Nucleo Speciale Privacy della Guardia di Finanza, o ad altre Autorità competenti, le motivazioni che hanno condotto l'organizzazione ad adottare tali tempi di *data retention*.

SCRIVI LE TUE CONSIDERAZIONI

_____

_____

_____

_____

_____

_____

_____

_____

_____

_____

_____

_____

_____

@ francesco.traficante@microell.it

🏠 www.microell.it

in it.linkedin.com/in/francescotraficante

f www.facebook.com/microellsrl

🐦 twitter.com/F_Traficante

g+ plus.google.com/+FrancescoTraficante

CAPITOLO III

5 WEB MARKETING

5.1 COS'È, OBIETTIVO E COSA COMPRENDE

Il web marketing è il marketing aziendale che utilizza il canale del web per realizzare vendite.

Web marketing non è semplicemente sinonimo di pubblicità in internet, ma include ogni fase del piano marketing tradizionale: analisi di mercato, pianificazione della strategia, promozione e pubblicità, distribuzione, vendita, assistenza alla clientela, etc.; il tutto però, viene messo in atto tramite il web e s'incentra attorno alla progettazione, realizzazione, promozione e gestione di un sito web aziendale.

Il web marketing è, ad oggi, uno strumento ormai consolidato di comunicazione digitale che analizza il mercato, promuove prodotti/servizi, ricerca nuovi potenziali clienti (*Lead*), sviluppa e mantiene rapporti commerciali tramite la rete internet.

Questa forma di *digital marketing* insieme ad una adeguata strategia di comunicazione consente di presidiare il web attirando visitatori interessati ai prodotti/servizi promossi.

L'obiettivo principale di una strategia di base, quindi, è raggiungere la massima visibilità, cioè portare il proprio sito web ai primi posti nelle pagine dei risultati dei motori di ricerca, rendendolo preferibile, cioè più immediatamente visibile, rispetto ai siti web dei propri *competitors*.

Questo può essere fatto mediante svariate attività, tra cui quelle di indicizzazione e posizionamento.

5.2 INDICIZZAZIONE E POSIZIONAMENTO

Cosa si intende, però, esattamente, per indicizzazione e posizionamento?

Tecnicamente per indicizzazione si intende l'attività di inserimento dell'indirizzo di un sito internet nelle banche dati dei motori di ricerca e delle *directory*.

Il posizionamento consiste, invece, nel mettere in atto una serie di strategie per far arrivare e mantenere tra le prime posizioni dei motori di ricerca un sito web.

Da qui deriva, dunque, anche l'attività di ottimizzazione (in lingua inglese *Search Engine Optimization*, in acronimo SEO) visto come l'insieme di tutte quelle attività finalizzate ad ottenere la migliore rilevazione, analisi e lettura del sito web da parte dei motori di ricerca attraverso i loro *spider*[38], grazie ad un migliore posizionamento.

---

[38] www.wikipedia.it, "*Spider è un software che analizza i contenuti di una rete (o di un database) in un modo metodico e automatizzato, in genere per conto di un motore di ricerca*".

Attraverso la migliore visibilità si attirano maggiori visitatori, quindi potenziali clienti e relative informazioni personali che possono essere acquisite tramite la compilazione di *form* specifici oppure tramite il monitoraggio della stessa navigazione. Dati personali che saranno trattati per le diverse finalità di marketing.

Tali informazioni e relativi trattamenti sono rilevanti per le norme in materia di protezione dei dati personali, e qui entra in gioco la c.d. Privacy.

Nel caso di raccolta di dati personali tramite il web marketing, ad esempio, l'obiettivo della strategia adottata è la c.d. *Lead Generation*, ovvero attraverso la migliore visibilità sul web del prodotto/servizio si attira il maggior numero possibile di visitatori interessati e si raccolgono i loro dati personali (*prospect*).[39]

Il fine è la costruzione di un database di potenziali clienti realmente interessati e con una forte propensione all'acquisto del prodotto/servizio promosso sui quali veicolare comunicazioni promozionali ben mirate.

Queste liste di contatti saranno poi utilizzate per le più diverse finalità di marketing: gestione della richiesta per la quale sono stati conferiti i dati personali, l'inoltro di una newsletter informativa, di comunicazioni promozionali e pubblicitarie, la comunicazione o cessione degli stessi dati ad altri soggetti appartenenti anche ad altri settori operativi, sempre per finalità di

---

[39] www.microell.it, F. Traficante, *La privacy per il web marketing: consigli pratici – Parte I*, 12 marzo 2014.

marketing.

Le regole da rispettare, in ogni caso, sono sempre le stesse, chiare e semplici: fornire un'adeguata informativa con gli estremi del titolare del trattamento e relativo responsabile, le modalità di raccolta, custodia e trattamento dei dati personali, le finalità del trattamento, l'eventuale comunicazione e cessione a soggetti terzi e gli estremi per l'esercizio del diritto di accesso (ex art. 7 del Codice Privacy).

E' bene ricordare, però, che oltre a ciò, molto importante è predisporre idonee designazioni di incarico e farle sottoscrivere a coloro i quali trattano tali dati, una adeguata formazione in materia di protezione dei dati personali a coloro i quali effettuano un reale trattamento di dati dei soggetti interessati, le nomine di eventuali soggetti anche esterni che concorrono a tali operazioni di trattamento (Responsabili del Trattamento), l'adozione di misure di sicurezza minime e idonee al fine di rendere sicure e riservate tali informazioni trattate e custodite, la redazione di procedure specifiche per tali trattamenti e che prevedano piani di azioni rapide e chiare soprattutto in caso di *incident*[40] e accessi non autorizzati.

In sostanza, si richiede l'adozione di un vero e proprio Modello Organizzativo Privacy per il proprio sito web e relativo processo di *digital marketing*; questo proprio perché tali processi richiedono,

---

[40] www.wikipedia.it, "*Per Incidente informatico si intende una classe generale di imprevisti e malfunzionamenti (anche accidentali) di hardware o software*".

a volte, anche uno "sfruttamento" di informazioni relative ai soggetti interessati.

Fondamentale è, poi, il consenso prestato dal *prospect*, che ricordiamo deve essere "*documentato, libero e specifico per le diverse finalità di marketing*"[41].

Recenti e meno recenti semplificazioni in materia di protezione dei dati personali consentono alcuni casi di esonero del consenso, quando, ad esempio, la finalità del trattamento coincide con la motivazione del conferimento dei dati stessi[42](es. richiesta preventivo, gestione della richiesta di preventivo), permettono una raccolta di un consenso unico per finalità di marketing equiparabili quali l'inoltro della newsletter informativa, di comunicazioni promozionali, di materiale pubblicitario e così via, dovendo poi però, in caso di accesso ai dati, consentire all'utente una gestione specifica per ognuna di tali finalità di marketing.

Per la comunicazione e cessione dei propri dati personali, inoltre, si rendono necessari sempre specifici e liberi consensi, in quanto le finalità risultano differenti rispetto alle altre sopra definite.

Le azioni di maggiori visibilità, comunque, non necessariamente coinvolgono il sito web di una determinata organizzazione: spesso, infatti, si utilizzano anche le *Landing Page*, c.d. pagine di

---

[41] www.garanteprivacy.it, *Codice in materia di protezione dei dati personali*, n. 196, 30 giugno 2003.

[42] www.garanteprivacy.it, Codice in materia di protezione dei dati personali, art. 24 n. 196, 30 giugno 2003.

atterraggio, ovvero si tratta di pagine specifiche che il visitatore raggiunge tramite il miglior posizionamento nelle pagine dei risultati dei motori di ricerca, un link apposito, un banner promozionale o altra forma di pubblicità.

Qui di seguito i principali accorgimenti da adottare in tema di *landing page*:

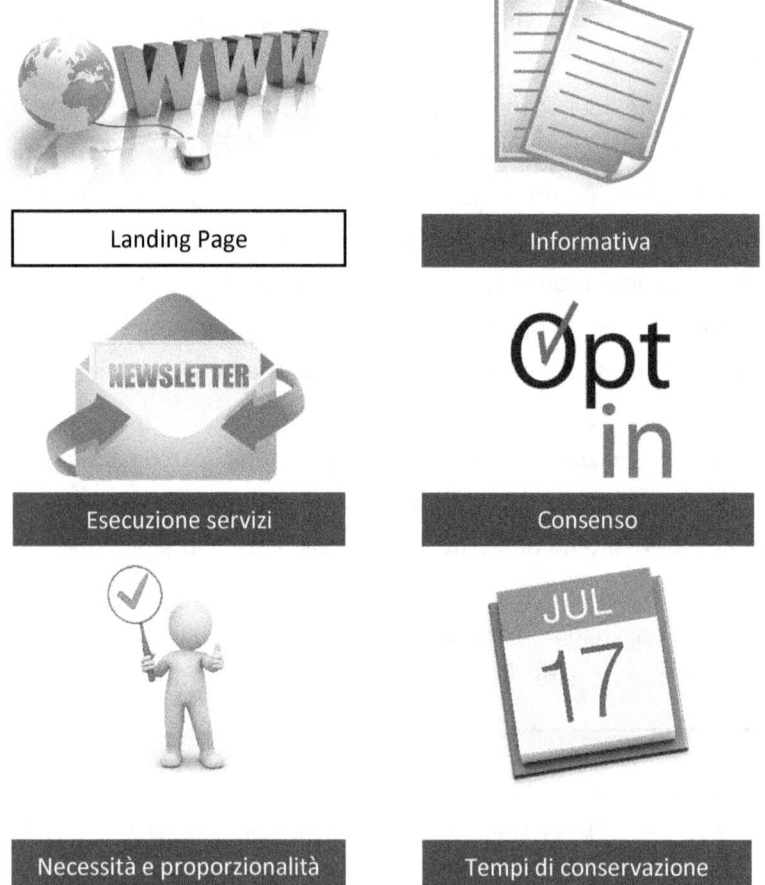

Queste pagine mostrano spesso contenuti specifici e/o la stessa pagina è anche ottimizzata per attività di ricerca tramite precise parole chiave – c.d. *keywords* – per essere più facilmente individuate dagli stessi motori di ricerca.

Anche per la sola *landing page* le regole sono le stesse valide per un sito web completo e più strutturato.

Per i siti web, invece, ci sarebbero anche ulteriori obblighi, soprattutto qualora si effettuino attività di monitoraggio della navigazione anche per il solo fine di promuovere contenuti mirati ai propri visitatori, oppure tali attività siano anche volte alla profilazione commerciale, e non solo, dell'utente.[43]

Esistono, infatti, le cosiddette attività di *tracking*, ovvero di tracciamento della navigazione, che sono finalizzate all'analisi dei siti web visitati, le loro pagine e i relativi contenuti specifici, i tempi delle relative visite e la loro frequenza; spesso tali informazioni sono anche associate all'utente, senza necessariamente sapere come si chiama e dove abita.

Tramite queste informazioni relative ad abitudini, usi e consumi, la loro analisi e rielaborazione è possibile ricostruirne il profilo commerciale finalizzato al c.d. *e-Targeted Advertising*: proposizione di prodotti o servizi o contenuti mirati.

---

[43] www.microell.it, F. Traficante, *La privacy per il web marketing: consigli pratici – Parte II*, 7 maggio 2014.

5.3 CASE HISTORY: ACCERTAMENTO NEI CONFRONTI DI UNA WEB AGENCY E STATISTICHE

E' proprio di metà anno del 2014 un caso di attività ispettiva avvenuto nei riguardi di una società (cd. Web Agency) che si occupa di offrire servizi strettamente connessi ai processi di web marketing, quali l'indicizzazione e posizionamento, nonché di *Lead generation* per società di intermediazione finanziaria, che proprio per acquisire il maggior numero di potenziali soggetti interessati (cd. *Prospect*), si avvalgono di tali strumenti e tecnologie.

Il Nucleo Speciale Privacy della Guardia di Finanza, infatti, dopo un'accurata attività di verifica del modello organizzativo privacy dell'organizzazione, ed in particolare concentrandosi sui due elementi fondamentali che una qualsiasi organizzazione dovrebbe possedere, quali l'informativa e il consenso sul sito internet di riferimento dell'organizzazione, ha proceduto, in data 9 dicembre del medesimo anno, ad irrogare una sanzione pari ad Euro 64.000, vista l'evidente non conformità dei sopra citati elementi.[44]

Nella pagina seguente fornisco estratto relativo alla sanzione, irrogata all'organizzazione in questione, a testimonianza di quanto premesso:

---

[44] www.garanteprivacy.it, Newsletter n. 396 *Prestiti, preventivi on line: maggiore rispetto per i consumatori in difficoltà. Il Garante vieta l'uso dei dati senza consenso per finalità di marketing*, 28 novembre 2014.

SI CONTESTA

a   , con sede in   , in

persona del rappresentante legale *pro-tempore*,

a) ai sensi degli artt. 161 e 164-*bis*, comma 3, del Codice, la violazione dell'art. 13 del medesimo Codice con riferimento ai fatti richiamati in premessa. Il trasgressore è ammesso al pagamento in misura ridotta stabilito, per quanto sopra detto, in euro 24.000,00 (ventiquattromila) nel termine perentorio di 60 giorni dalla data di notificazione del presente atto;

b) ai sensi dell'articolo162, comma 2-*bis*, e 164-*bis*, comma 3,del Codice, la violazione degli artt. 23 e 130 del Codice con riferimento ai fatti richiamati in premessa. Il trasgressore è ammesso al pagamento in misura ridotta stabilito, per quanto sopra detto, in euro 40.000,00 (quarantamila) nel termine perentorio di 60 giorni dalla data di notificazione del presente atto.

IL DIRIGENTE DEL DIPARTIMENTO
Dott. Francesco Modafferi

Questo quanto accaduto[45].

Vorrei però concentrare la mia attenzione su ciò che è avvenuto dopo, e dunque, sul processo di adeguamento dell'organizzazione, al fine di dimostrare ed evidenziare che un giusto compromesso tra l'implementazione della materia privacy, e le sempre più alte esigenze di performance, può condurre ad ottimi risultati in termini di conversione, e dunque, di fatturato.

A tal fine ritengo doveroso fare una breve premessa: l'organizzazione, allorquando operava in maniera non conforme rispetto alle normative privacy vigenti, otteneva una indiscutibile conversione in termini di consensi per effettuare attività di marketing, pari circa al 100%.

Questo perché, come spesso accade, il suddetto consenso risultava *pre-flaggato* e non permetteva, dunque, agli utenti della rete di manifestare in modo libero e soprattutto consapevole tale volontà.

A seguito della sanzione, invece, la società ha deciso di intraprendere un percorso di adeguamento in materia privacy, chiedendo alla mia organizzazione, di operare ovviamente bilanciando anche gli interessi (economici) che l'organizzazione cliente ha necessità di raggiungere.

---

[45] www.microell.it, F. Traficante, *La Lead generation sotto la lente del Garante Privacy, Vietato l'uso dei dati generati senza consenso per finalità di marketing e obbligo di rendere conforme l'intero processo di digital marketing*, 18 dicembre 2014.

Bene, una volta iniziato tale percorso si è proceduto apportando due modifiche sostanziali, vediamo quali:

1. Si è proceduto, in primo luogo, con la modifica in relazione all'ordine di posizionamento dei consensi, così da rendere più "facile" una manifestazione volontaria e conforme dei suddetti da parte dell'utente;

2. In secondo luogo, poi, si è prevista una conferma per l'utente all'invio dei suoi dati tramite specifico "bottone", specificando che lo stesso equivale ad una manifestazione del consenso, limitatamente per dare esecuzione alla richiesta avanzata dal cliente.

Qui di seguito estratto grafico:

☐ Accetto espressamente di ricevere da comunicazioni commerciali, promozionali, offerte dirette e newsletter informative tramite modalita` tradizionali e/o automatizzate. (1) Informativa Completa

MOSTRAMI IL PREVENTIVO*

* L'invio della richiesta di preventivo equivale ad un conferimento del consenso, facoltativo ma necessario, per la relativa gestione e le attivita` connesse.(2) Informativa

Ma perché ciò è stato fatto?

Tenendo in dovuta considerazione che la media statistica di conversione, nella migliore delle ipotesi, si aggira intorno al 3% circa, già applicando, in prima fase, la normativa privacy "alla lettera" (consensi formulati in modalità tradizionale e pulsante invio utilizzato unicamente per inoltro di dati e consensi) le conversioni risultavano più che ottime per il cliente (circa il 40%).

71

In seconda fase, poi, mediante queste sapienti modifiche, e avvalendosi anche di tecniche della comunicazione rendendo la stessa più efficace[46], si è giunti ad una conversione pari al 70% circa: un risultato decisamente interessante e ben oltre ogni aspettativa.[47]

Forse alcune organizzazioni di business, che operano in maniera non corretta violando sia le norme in materia di protezione dei dati personali che quelle per la tutela della concorrenza e del mercato,[48] conseguendo conversioni pari al 100% circa, potranno anche intendere tale risultato di livello "discreto", in termini di performance raggiunta.

A tal proposito però, vorrei concludere ponendo una semplice domanda: preferireste operare legalmente ed avere una conversione del 70%, oppure preferireste avere il 100% delle conversioni, ma dovendo pagare multe, anche più salate di quella del mio cliente e compromettere la vostra *brand reputation*[49]? A voi la scelta.

---

[46] Si veda quanto sopra riportato nella pagina precedente.

[47] www.microell.it, F. Traficante, *La Lead generation sotto la lente del Garante Privacy "Da qualche giorno è on-line il nuovo modello organizzativo privacy del sito web in esamina. Il numero delle richieste di preventivo è aumentato e i consensi per le finalità di marketing hanno una conversione decisamente superiore alla media statistica di mercato"*, 18 dicembre 2014.

[48] Legge 10 ottobre 1990, n. 287, recante *"Norme per la tutela della concorrenza e del mercato"*.

[49] www.wikipedia.it, *"Quando si parla di brand reputation si intende la reputazione del marchio di un'azienda, la misura della conoscenza e dell'apprezzamento da parte dei clienti di un prodotto o servizio"*.

5.4 CONSIDERAZIONI FINALI

E' dunque evidente che, il web marketing nelle sue diverse forme e strategie di comunicazione, è uno strumento dalle potenzialità infinite e, soprattutto in un periodo di congiuntura economica non favorevole come quello che stiamo attraversando da ormai troppo tempo, deve essere necessariamente una leva di competitività sia per gli addetti ai lavori che per le aziende che vogliono emergere e fare la differenza.

La consapevolezza degli utenti in merito all'importanza dei propri dati personali, d'altra parte però, è ormai quasi diventata una certezza.

Il valore da loro riconosciuto alle proprie informazioni private non è solo di riservatezza e tutela, ma è anche di fatto e ormai di natura economica.

E' proprio per questo motivo che è bene ricordare che anche tale strumento di comunicazione innovativa, come per tutti gli altri, se non utilizzato correttamente e nel rispetto delle regole, anche privacy, comporta l'applicazione di severe e precise sanzioni di natura amministrativa e penale, come espressamente ribadito dall'Autorità Garante.[50]

Non solo, il trattamento illecito dei dati (trattamento senza consenso libero, specifico e documentato) può anche comportare

---

[50] www.garanteprivacy.it, *Codice in materia di protezione dei dati personali*, n. 196 titolo III, 30 giugno 2003.

l'applicazione di sanzioni di tipo civile, cioè il c.d. risarcimento del danno patrimoniale e non[51].

E' bene, dunque, prima di procedere con attività come queste, anche invasive della vita privata dei soggetti interessati, analizzare e progettare già in prima battuta (cd. *Privacy Impact Assessment*) un adeguato modello organizzativo privacy, al fine di operare nella correttezza del Codice e dei suoi provvedimenti, nonché anche al fine di evitare multe molto salate che potrebbero, talvolta, compromettere definitivamente l'attività di un'organizzazione.[52]

---

[51] www.microell.it, F. Traficante, *Marketing selvaggio: parliamone!* 10 giugno 2013.

[52] www.garanteprivacy.it, Newsletter n. 373, Marketing selvaggio: 800 mila euro di sanzioni a tre società. I dati di decine di milioni di persone trattati illecitamente, del 24 maggio 2013.

SCRIVI LE TUE CONSIDERAZIONI

_____

_____

_____

_____

_____

_____

_____

_____

_____

_____

_____

_____

@ francesco.traficante@microell.it

⌂ www.microell.it

in it.linkedin.com/in/francescotraficante

f www.facebook.com/microellsrl

🐦 twitter.com/F_Traficante

g+ plus.google.com/+FrancescoTraficante

6 CONCLUSIONI

L'intera pubblicazione si basa, quindi, sull'accostamento di due termini, costo e privacy, che spesso ricorrono nelle riflessioni giuridiche ed anche economiche, sull'attuazione della normativa sul trattamento dei dati personali nel contesto dell'attività d'impresa: basti qui ricordare la conferenza internazionale organizzata dal Garante per la protezione dei dati personali a Roma, il 5 e 6 dicembre 2002, intitolata appunto "*Privacy: da costo a risorsa*".[53]

Il tema portato avanti è volto a dimostrare, dunque, che un uso sapiente della normativa privacy alle realtà aziendali, che sempre più richiedono alte performance, soprattutto nel vasto mondo del *digital marketing*, può condurre ad eccellenti risultati.

"*La privacy, collocata in un efficiente e consapevole contesto economico, può invece offrire un utile supporto alla definizione di un corretto e più produttivo rapporto tra impresa e consumatore e, per l'altro aspetto, tra le Istituzioni ed i cittadini*".[54]

Siamo nel lontano 2002, ma l'Autorità Garante di allora aveva già ben compreso qual era l'approccio del nostro mercato alla normativa privacy e in un periodo nel quale solo in pochi sapevano

---

[53] A. Mantelero, *Il costo della privacy tra valore della persona e ragione d'impresa*, Giuffrè editore, 2007.

[54] www.privacy.it, *G. Rasi, Gli obiettivi della conferenza*, Roma 5-6 dicembre 2002.

o potevano immaginare da lì a breve quali nuove tecnologie sarebbero arrivate (cookie di profilazione e simili) e che soprattutto potessero essere praticamente alla portata di tutti.

L'Autorità Garante di allora è stata anche decisamente lungimirante trattando in quell'anno un argomento alquanto attuale, vale a dire il rapporto tra impresa e consumatore, cioè tra il titolare del trattamento ed il soggetto interessato.

Di fatto, l'Autorità, era già consapevole che un corretto approccio delle organizzazioni di business, anche e soprattutto nei confronti dei dati personali dei propri clienti e potenziali clienti, potesse non solo mantenere stabili in termini economici e di fatturato tale rapporto commerciale, ma addirittura che tale relazione potesse anche crescere, soprattutto qualora le norme privacy fossero recepite in maniera sapiente e intelligente avendo un impatto decisamente migliorativo sulla stessa organizzazione rendendola ancora più efficiente.

L'esistenza di norme di tutela dei dati personali, infatti, può permettere di migliorare la qualità del rapporto con il cliente e con il cittadino: le aziende possono disporre di informazioni corrette e veritiere, raccolte con il consenso dell'interessato, che desidera effettivamente essere contattato per finalità commerciali e lo stesso discorso può essere effettuato rispetto ai dati trattati dagli enti che forniscono servizi di utilità generale.

"Si profila in tal maniera un contenuto di utilità sociale e di eticità diffusa per la moderna economia aperta che corrisponde alla

società aperta "[55].

Tale tendenza viene ribadita anche da ulteriori esponenti e componenti dell'Autorità Garante, i quali affermano che sussistono una serie di oneri che incidono esclusivamente sulla imprenditoria privata, poiché gli interventi aziendali finalizzati alla *data protection* hanno forti valenze di tipo commerciale.

Basti avere quale punto di riferimento il costo degli adeguamenti strutturali di un'impresa in termini di infrastrutture tecnologiche, di gestione dei processi di trattamento dei dati personali nonché di formazione e aggiornamento del personale incaricato al trattamento dei dati personali di soggetti interessati, preposti a tali compiti.

Però, tali costi, non sono inerti passività aziendali, bensì generano una serie di positività per le imprese. *"Un impegno degli imprenditori finalizzato a soddisfare le aspettative dei consumatori, degli utenti di beni e dei servizi materiali e immateriali, sollecita le opportunità competitive dell'impresa, promuovendo l'individuazione di formule innovative, per la fidelizzazione dei clienti e la conquista di nuovi mercati"[56].*

Sempre nell'anno 2002, a testimonianza della forte consapevolezza del Garante di quel periodo, emerge una grande

---

[55] www.privacy.it, G. Santaniello, *Impresa, utenti, consumatori: verso un nuovo rapporto*, Roma 5-6 dicembre 2002.

[56] www.privacy.it, C. Manganelli, *La rete: fiducia degli utenti e sicurezza dei dati*, Roma 5-6 dicembre 2002.

opportunità per le imprese, forse oggi più attuale che mai: la privacy quale leva di competitività.

A parità di servizi on-line forniti, un utente consapevole tenderà più facilmente a conferire e autorizzare il trattamento dei propri dati personali ad un fornitore che non fornisce adeguate garanzie di tutela e protezione dei dati oppure al suo *competitor* conforme da un punto di vista privacy?

La risposta è evidente e la mia esperienza personale può testimoniare che spesso i nostri clienti hanno addirittura avuto modo di apprezzare incrementi, anche importanti, di quelle che sono le loro conversioni dal momento del recepimento delle norme di riferimento che hanno reso idonei i propri processi di *digital marketing* in materia di Privacy.

Testimonianza in assoluto il caso di Google con il proprio Analytics: una volta messe a disposizione funzioni tecniche che consentono di equipararlo ad un cookie tecnico, il mercato lo premia avvalendosi prevalentemente di tale suo strumento.

Tutto questo per dire che da una parte è necessario che l'organizzazione mantenga elevate performance e dall'altra vi sono una vastità di regole da rispettare: come fare dunque? Ma, soprattutto, è possibile farlo bilanciando gli interessi delle rispettive parti coinvolte?

Io ritengo che tale binomio sia assolutamente possibile, adottando un approccio *"smart"*, così è stato definito da una responsabile commerciale di un nostro potenziale cliente proprio in questi giorni.

Condivisibile o meno che sia tale opinione, di certo le semplificazioni fornite dall'Autorità Garante in questi ultimi anni ci vengono incontro in tal senso, e complicano meno taluni processi.

Nei giorni scorsi, proprio mentre stavo concludendo questo mio primo libro, mi imbatto in un articolo in materia di *web marketing* e *media technologies* il cui titolo ha catturato decisamente la mia attenzione *"Ciò che fu il Marketing? Non c'è più!"*[57].

L'autore sostiene che il marketing tradizionale è di fatto morto e che bisogna essere davvero capaci e ben preparati nell'affrontare il nuovo mercato; si parla di fedeltà del cliente come una delle armi vincenti per questo mercato globale e soprattutto della capacità di un Brand di legare il cliente al proprio prodotto.

L'autore sostiene che ciò che oggi conta è la fidelizzazione, che il Brand non conquista il cliente ma è il cliente che conquista il Brand, il Brand deve rassicurare il cliente e farlo sentire un certo tipo di persona che ha estremamente bisogno di un'identità e che ha una propria personalità. Pensiero che condivido da sempre.

La consapevolezza di tutelare e preservare i propri dati personali da parte degli utenti del web è diventata ormai una certezza che si sta sempre di più diffondendo e consolidando.

---

[57] *L. Castagnini, Ciò che fu il marketing? Non c'è più! https://webmarketingitaliano.wordpress.com, 13 luglio 2015.*

La consapevolezza del valore economico dei propri dati personali da parte dei soggetti interessati, soprattutto in qualità di fruitori di servizi on-line, è diventata anch'essa una certezza sempre più radicale e condivisa.

Quindi un Brand che tratta in maniera non corretta e per finalità mai dichiarate i dati personali dei propri utenti potrà mai fidelizzare un cliente?

Un utente i cui dati personali non sono trattati in maniera chiara e trasparente potrà mai contribuire a rafforzare la reputazione di quel Brand?

Un corretto e trasparente trattamento dei dati è sicuramente uno dei fattori che può contribuire a fidelizzare un cliente.

Forse è vero, non sempre si riescono a conciliare le esigenze di performance alla tutela e riservatezza dei dati personali, ma di sicuro la trasparenza e la correttezza contribuiscono anche alla c.d. *brand reputation* e alla distanza pagano.

Fornire maggiori garanzie di trasparenza, tutela e protezione dei dati personali conviene: la Privacy da Costo a Valore.

"*Mantenere alte la Performance applicando la Privacy*"[58] è possibile, anzi è ormai una certezza.

---

[58] www.microell.it, F. Traficante, *La Lead generation sotto la lente del Garante Privacy. Vietato l'uso dei dati generati senza consenso per finalità di marketing e obbligo di rendere conforme l'intero processo di digital marketing*, 18 dicembre 2014.

SCRIVI LE TUE CONSIDERAZIONI

_____

_____

_____

_____

_____

_____

_____

_____

_____

_____

_____

@ francesco.traficante@microell.it

⌂ www.microell.it

in it.linkedin.com/in/francescotraficante

f www.facebook.com/microellsrl

🐦 twitter.com/F_Traficante

g+ plus.google.com/+FrancescoTraficante

7 BIBLIOGRAFIA

Fonte:

1. *www.microell.it, F. Traficante:*

   - *La nuova privacy su internet tra cookies e social plug-in,* 6 maggio 2013;
   - *Marketing selvaggio: parliamone!* 10 giugno 2013;
   - *La privacy per il web marketing: consigli pratici – Parte I. Regole e utili suggerimenti per un corretto utilizzo del Web e di Landing Page quale strumento di comunicazione per il Digital Marketing,* 12 marzo 2014;
   - *La privacy per il web marketing & cookies: consigli pratici-Parte II. Monitoraggio della Navigazione e Profilazione dell'Utente: regole e utili suggerimenti per un corretto utilizzo di Internet e dei Cookies,* 7 maggio 2014;
   - Radio città del capo di Bologna, intervista a F. Traficante, *Nuove regole sui cookies,* 6 giugno 2014;
   - *La Lead generation sotto la lente del Garante Privacy,* 18 dicembre 2014;
   - *Profilazione on line & cookies: ultimi giorni per adeguarsi,* 8 maggio 2015;
   - *Cookie Law: nuove indicazioni del Garante Privacy: come gestirli correttamente. Google Analytics: evitare la notificazione è possibile,* 9 luglio 2015.

2. *www.garanteprivacy.it:*

   - *Codice in materia di protezione dei dati personali,* n. 196 titolo III, 30 giugno 2003;

- *Codice in materia di protezione dei dati personali*, art.4, n. 196, 30 giugno 2003, definizione parola "interessato";
- *Codice in materia di protezione dei dati personali*, art.17, co II, n. 196, 30 giugno 2003;
- *Codice in materia di protezione dei dati personali*, art. 24, n. 196, 30 giugno 2003;
- *Fidelity card e garanzie per i consumatori. Le regole del Garante per i programmi di fidelizzazione*, 24 febbraio 2005;
- *Vendita a domicilio e trattamento di dati a fini di marketing in violazione di legge*, 19 maggio 2008;
- *Trattamento e conservazione di dati personali della clientela per finalità di profilazione*, Verifica preliminare richiesta da Bulgari S.p.A., 24 aprile 2013.
- Newsletter n. 373, *Marketing selvaggio: 800 mila euro di sanzioni a tre società. I dati di decine di milioni di persone trattati illecitamente*, del 24 maggio 2013;
- *Individuazione delle modalità semplificate per l'informativa e l'acquisizione del consenso per l'uso dei cookie*, 8 maggio 2014 (Pubblicato sulla Gazzetta Ufficiale n. 126 del 3 giugno 2014);
- Newsletter n. 396, *Prestiti, preventivi on line: maggiore rispetto per i consumatori in difficoltà. Il Garante vieta l'uso dei dati senza consenso per finalità di marketing*, 28 novembre 2014;
- *Profilazione on line: regole chiare e più tutele per la privacy degli utenti*, Comunicato stampa del 06 maggio 2015;

- *Linee guida in materia di trattamento di dati personali per profilazione on-line* (19 marzo 2015) - Pubblicato sulla Gazzetta Ufficiale n. 103 il 6 maggio 2015.
- *Attività internazionale, Cooperazione in ambito UE, Gruppo di Lavoro ex Articolo 29.*

3. *Autori:*

- P. Kotler, *Il marketing dalla A alla Z, De Vecchi*, 2003;
- Tim O'Really, *What is Web 2.0.*, 2005;
- Collesei Umberto, *Marketing*, Cedam, Padova, 2006;
- Mantelero, *Il costo della privacy tra valore della persona e ragione d'impresa*, Giuffrè editore, 2007;
- G. Diegoli, *Mini marketing, 91 discutibili tesi per un marketing diverso, Simplicissimus Book Farm*, 2008;
- S. Godin, *Tribù. Il mondo ha bisogno di un leader come te*, 2009;
- Principali associazioni di categoria, DMA Italia, Fedoweb, IAB Italia, Netcomm, Upa, *Kit Privacy Cookie*, 5 maggio 2015.
- L. Castagnini, *Ciò che fu il marketing? Non c'è più!*, *https://webmarketingitaliano.wordpress.com*, 13 luglio 2015.

4. *Siti internet:*

- www.giorgiotave.it;
- www.privacy.it, G. Rasi, *Gli obiettivi della conferenza*, Roma 5-6 dicembre 2002;

- www.privacy.it, G. Santaniello, *Impresa, utenti, consumatori: verso un nuovo rapporto*, Roma 5-6 dicembre 2002;
- www.privacy.it, C. Manganelli, *La rete: fiducia degli utenti e sicurezza dei dati*, Roma 5-6 dicembre 2002;
- www.datamanager.it, A. Caffo, *Social Analytics Conference, così cambiano i Big Data*, 27 marzo 2013;
- www. digitalvizir.it, *Digital or Death: le ragioni del digitale*, 18 novembre 2013;
- www.federprivacy.it, A. Acquisti, *La privacy nell'era della realtà aumentata*, Pisa, 19 giugno 2014;
- www.youtube.com, *Cookie e privacy: istruzioni per l'uso*, Garante dati personali, 16 gennaio 2015.

5. *www.wikipedia.it:*

- definizione parola "semantica";
- definizione parola "ontologia";
- definizione parola "notificazione";
- definizione parola "proximity marketing";
- definizione parola "spider";
- definizione parola "incidente informatico";
- definizione parola "brand reputation";
- definizione parola "abbonato".

8 L'AUTORE

Nasco a Busto Arsizio nel 1973, perla del tessile ormai centro ex industriale della provincia di Varese. Michele e Michela, i miei genitori, operai, semplici e grandi lavoratori. Sono anni difficili, ma a me e mio fratello Alessandro non fanno mai mancare nulla e per questo li ringrazio di cuore e sarò loro sempre riconoscente.

La mia infanzia è serena, cresco spensierato come del resto quasi tutti i miei coetanei. Gioco a calcio e vado a scuola. Non amo particolarmente studiare, ma per mia fortuna ho una gran memoria, e per questa ragione in un modo o nell'altro me la sono sempre cavata.

Nel 1993 mi diplomo presso l'Istituto Tecnico Enrico Tosi di Busto Arsizio in Ragioneria ad Indirizzo Giuridico Economico Aziendale, uno dei primissimi corsi c.d. sperimentali. Questa è la mia fortuna, tutto quanto studiato mi è sempre stato utile nella mia vita lavorativa che inizia subito dopo.

Nonostante la possibilità di frequentare l'Università, decido di abbandonare gli studi e di iniziare a lavorare.

L'Informatica è sempre stata una delle mie vere e grandi passioni, infatti nonostante la preparazione scolastica in materia contabile e amministrativa entro nel mondo del lavoro, per quattro anni come analista e programmatore presso un Ente Regionale nella città di Milano, e poi come formatore per due anni ai primi corsi di informatica presso l'IBM Education Center di allora sempre a Milano.

Ho sempre desiderato sin da bambino gestire una mia attività e nel 1998 fondo Microell s.r.l., soluzioni ICT per le imprese, e dall'anno successivo inizio ad accostarmi alle prime norme in materia di misure minime di sicurezza informatica introdotte dal D.P.R. 318/99 ad integrazione del c.d. Codice Privacy di allora, Legge 675/96. Fu subito amore a prima vista.

Inizio ad approfondire il Codice Privacy e tutte le norme ad esso collegate in materia di protezione dei dati personali fino a farlo diventare il mio nuovo lavoro e mia unica occupazione a partire dal 2002. Nasce, dunque, una nuova divisione in azienda, Privacy & Data Protection, che si affianca a quella di sempre che si occupa di servizi e soluzioni ICT per le aziende.

Nel frattempo partecipo a diversi corsi di formazione, sempre più per passione che per lavoro, e il 2012 è l'anno di svolta nella mia crescita professionale.

Da allora ad oggi, due certificazioni di competenze ISO 17024, la prima come Consulente Privacy e Privacy Officer rilasciata da TÜV Italia, e la seconda come Data Protection Officer DPO rilasciata da Bureau Veritas. Il primo in Italia ad aver conseguito due certificazioni in materia privacy.

Nel frattempo entro a far parte del Gruppo di Lavoro Sicurezza IT di ASSINTEL, inizio ad operare per Confindustria Alto Milanese in qualità di Consulente Privacy, entro a far parte del Comitato Scientifico di ASSO DPO ed i miei articoli iniziano ad essere anche pubblicati su prestigiose testate giornalistiche on-line.

Nel 2015 arrivano anche i primi incarichi in qualità di DPO (*Data Protection Officer* esterno) presso alcune Organizzazioni di Business, e nel mese di luglio mi laureo presso l'Università Popolare degli Studi di Milano in Scienze Politiche ad indirizzo Data Protection Officer e Privacy Specialist.

A capo di un team di validi professionisti forniamo alle aziende di settori diversi, anche di medio-grandi dimensioni, e a molteplici studi professionali servizi di consulenza e formazione, anche in aula, in materia di Privacy, Protezione dei Dati e delle Informazioni, Sicurezza IT e Reati Informatici.

Per ulteriori e maggiori informazioni puoi consultare il mio Profilo LinkedIn: Francesco Traficante.